KB141449

신규 교사를 위한
자기 성장 매뉴얼

신규 교사를 위한

자기 성장 매뉴얼

초판 1쇄 펴낸날 | 2018년 3월 20일

지은이 | 이형준
펴낸이 | 이종근
펴낸곳 | 도서출판 하늘아래

주소 | 서울특별시 종로구 이화동 27-2 부광빌딩 402호
전화 | 02 374 3531
팩스 | 02 374 3532
이메일 | haneulbook@naver.com

등록번호 | 제300-2006-23호

ISBN 979-11-5997-017-7 03190

신규 교사를 위한
자기 성장 매뉴얼

이형준 지음

하늘
아래

서문

새로 교단에 서는 교사들을 위하여

신규 발령을 진심으로 축하드린다. 이 책을 읽고 있는 여러분이, 그동안 많은 고생을 거쳐 교단에 서게 되었다는 사실을 잘 안다. 정신없는 신규교사 연수 기간은 큰 문제가 안 되었으리라 생각한다. 드디어 원하는 꿈을 이루었기 때문이다. 학교에서 부딪칠 여러 행정업무나 학생 지도와 같은 일이 아직 익숙지 않더라도 괜찮다. 시간이 여러분의 편이 되어줄 테니, 미리 염려할 필요는 없다는 말씀을 드리고 싶다.

그러나 아무리 이런 이야기를 들어도, 여러분은 여전히 막막하고 불안할지 모른다. '사람 사는 곳은 다 똑같다, 가서 열심히 하면 된다'는 위로부터 시작해서, '좋은 직장 들어갔는데 배가 불렀다, 그런 고민을 아무나 할 수 있는 줄 아느냐'는 부러움 섞인 핀잔까지, 어쩌면 많은 이야기를 귀가 따갑게 들어왔을 수도 있겠다. 그렇게 생각해 보면, 결국 당사자의 문제는 스스로 헤쳐 나갈 수밖에 없는 모양이다. 조언을 택하는 것도, 다른 이의 핀잔에 자극을 받는 것도 모두 그 자신이 결정할 문제이기 때문이다.

혹시 여러분도 2차 면접날 어떤 복장으로, 어떤 표정으로, 그리고 어떤 말투와 화법으로 시험에 임할지를 고민했는지도 모르겠다. 그룹 스터디를 짜서 연습을 하는 와중에도 그런 이야기를 나누었을지 모르 겠고 말이다. 그러나 우리는 깨닫는다. 그렇게 열띤 논쟁으로, 어디서 하나라도 주워들은 이야기를 가지고 논의해본다 한들, 지나고 보면 그 게 참 어이없는 이야기일 뿐이라는 것을 말이다. 나 때도 그랬다. 임용 시험을 준비할 때 여자들은 머리에 망을 하고 가야 하는지, 반묶음을 하거나 머리를 풀고 가면 안 되는지를 진지하게 고민하고 있었다. 남 자들은 넥타이 색깔, 옷과 구두 색상의 조화 등에 신경 썼고 말이다. 그냥 무난한 복장으로 면접에 임하면 된다는 것, 사실 면접관들은 시 험 응시생을 너무 많이 봐서 지쳐있는 데다가, 복장 따위는 전혀 관심 도 없고, 채점표만 쳐다보며 채점할 뿐이라는 걸 면접시험을 치르고 나서야 알게 되었다. 한편으로 생각하면 우습기도 하다. 아무것도 모 르는 상태에서 공상과 상상으로 임용 시험을 준비하던 때가 있었다는 사실이 말이다.

　자, 그러면 학교생활은 어떨까? 면접시험 때보다 잘한다면 당연히 좋을 것이다. 그러나 경험 없이 마주하는 학교생활은, 시험 때만큼이나 우리의 기대, 혹은 상상과는 다를 수 있다. 물론 시행착오도 있다. 더구나 학교 역시 다른 조직 사회처럼 이상한 관습과 문화가 있다. 그리고 그 속에서 악의가 있거나 계산적이어서가 아니라, 순전히 아직 아는 것이 부족해서, 그런 잘못된 문화에 너무 빨리 젖어드는 교사들을 종종 본다. 배울 필요가 없는 것들, 배우지 말아야 할 것들을 순진하게 배우는 교사들을 볼 때마다 안타까웠다. 한편으론 지금이 아니면 배울 수 없는 것들을 놓치는 모습이 아쉽기도 했다.

자, 이쯤 되면 '이 사람은 오지랖이 넓어서 이런 책을 썼나?' 하고 생각할지도 모르겠다. 사실 나는 그런 사람이 아니다. 오히려 내 성격은 극히 개인주의적이다. 게다가 남의 일에 함부로 참견하면 안 된다는 생각을 하고 산다. 조직생활을 즐겨하는 타입도 아니고, 사람 속에 섞이는 것도 내켜하지 않는다. 하지만 바로 그렇기 때문에, 주변을 관찰하고 내면의 생각을 정리할 시간을 얻었다. 그러니까 이 책은 내가 그간 보고 겪은 것, 그리고 그것들을 통해 생각한 것들을 모아놓은 것이라고 볼 수 있다.

한 가지 미리 밝히고 싶다. 나는 이제 교직 경력 5년차다. 그러니 내가 아는 것이 전부 옳다고 이야기할 수는 없다. 하지만 이 책을 쓰는 시기는 지금이어야 했다. 경력 10년차가 되고 20년차가 될 때, 과연 지금 같은 마음가짐이 남아 있을지에 대한 확신이 없었기 때문이다. 조금 심하게 말하자면, 지금은 학교에서 '늙다리' 내지는 '꼰대' 취급을 받는 교사들도, 한때는 열정적인 신규 교사일 때가 있었다. 그들도 처음부터 꼰대 취급을 받았던 것은 아니다. 그들은 학교에 지고 현실에 굴복함으로써 그런 모습으로 전락해버린 것이다.

학교가 완벽하다고 믿는 교사는 없다. 그러나 그 완벽하지 않은 학교를 바꾸고자 할 때, 우리는 수도 없이 깨지고 또 깨진다. 본문에서 밝히겠지만, 거기에는 몇 가지 이유와 패턴이 있다. 그러나 그것이 무엇이든, 변화의 출발점은 교사여야 한다. 학교의 변화와 함께, 자신을 변화시키는 노력은 어떻게 이루어질 수 있는지를 같이 고민해보는 계기가 되었으면 한다.

우린 아직 덜 컸다. 우린 이제 20대이고 30대일 뿐이지 않은가. 우린 완벽하지 않다. 그리고 참으로 다행스럽게도, 앞으로도 그럴 것이다. 그러니 성장에 필요한 것이 무엇인지 충분히 배우고 써먹어 보자. 내 말이 완벽한 정답은 아니겠지만, 그래도 당신에게 약간 도움이 되는 정보가 이 책에 있을지도 모르니까 말이다.

어렵게 생각하지 말자. 우리가 교사가 된 것도, 그리고 교사로서 살아가기로 결심한 것도 결국 모두 행복하기 위해서다. 그러니 즐겁게 살아가면 되는 것이다. 부딪히고 깨지더라도, 응당 그러려니 하면서, 어깨에 힘을 빼고 웃으면서 다시 하면 된다. 다만 치열하게는 해야 한다.

어떻게 하면 그럴 수 있을까? 이제부터 그 이야기를 해보려고 한다.

목 차

PART 1

아직 학교가 낯선 당신을 위하여

01

학교에 오게 된 것을 환영하며

시험에 합격했다는 너의 연락이 참 반가웠어. 장기간 공부를 하는 사람이 다들 그렇듯이, 점점 낮아지는 자기 확신 속에서도 무사히 공부를 마친 점은 무척이나 다행이라 생각해. 나도 경험한 거지만, 된다는 생각과 안 될 거라는 생각 속에, 하루에도 수십 번 바뀌는 불안감을 더 이상 느끼지 않아도 될 거라는 점은 참 고마운 일이야. 그리고 거기에는 살 떨리는 감정으로 면접관을 대할 일도 이제는 없을 거라는 점도 포함되지. 여러모로 행복하고 뿌듯한 감정일 거라는 거, 충분히 이해해. 나 역시 그랬으니까. 이제 몇 년 만에 대학과는 또 다른, 학생과는 다른 신분이 되어 다시 고등학교로 돌아온 너에게 축하의 말을 전하고 싶구나.

그런데 어쩌지? 학교는 새로운 전장인데. 한 가지 차이점이 있다면, 네가 공부만 할 때보다 '실탄'이 더 많이 지급되긴 할 거야. 그리고 신분도 거의 확실하게 보장되지. 그러나 월급이라는 이름의 실탄, 그리고 안정된 직장이라는 그 안도감이 때때로 너의 목을 죄어 오는 경우도 있을 수 있어. 직장 생활이 가져다 주는 편안함에만 묻혀 살 때, 그러한 삶이 네 영혼을 갉아먹는다는 사실을 애써 외면하고 싶기도 할 거야. 왜냐하면 너 역시 그 사실을 잘 알고 있으니까. 그리고 어쩌면, 나중에 너는 이런 생각을 하게 될지도 몰라. 내가 바라는 교사로서의 삶은 이런 것은 아니었다고 말이야.

내가 신규 교사로서 임명되기 직전, 그러니까 아직 연수원에서 교육을 받고 있을 때의 일이야. 내가 발령받을 학교는 이미 정해져 있었지. 그 학교에서 나에게 연락이 오더군. 내일까지 오라고. 연수를 빼먹고라도 말이야. 나와 같은 학교로 발령을 받은 교사는 모두 5명이었는데, 우리 모두에게 같은 통보가 왔어. 분명히 말하지만 그건 제안이 아니었어. 어디까지나 통보였지. 그리고 그 통보에 끝까지 저항하고 가지 않았던 사람은 나뿐이었어. 남에게 밉보이든 어쩌든, 그때 나에게 중요한 일이 그런 것은 아니라고 생각했거든.

한 명의 교사에 대한 길들이기는, 이미 교사가 학교에 도착하기 전부터 그런 식으로 시작 돼. 하지만 어쩌면 말이야, 그들 역시 피해자인지도 몰라. 그들 역시 같은 방식으로 그렇게 기존의 질서에 길들여졌고, 이제는 무뎌져서 그게 왜 문제인지 이해하지 못하는 거니까.

참고로 연수를 진행하던 담당 연구사님은 극구 안 된다고 했지만, 학교의 집요한 요구는 계속 됐지. 그리고 그 연구사님은 결국 다른 예비 교사들이 부임하자마자 학교에 찍히는 것을 원치 않았기 때문에, 나를 제외한 4명을 보내주셨어. 결국 학교의 권력이란 일개 연구사가 싸워 이길 수 있는 것이 아니라는 걸 그때 배웠지.

돌이켜 생각해 보면, 그때부터였던 것 같아. 내 학교생활이 쉽지 않겠구나, 하고 생각이 들었던 건. 그런 상태로 학교에 대한 감정이 이미 좋지 않았으니, 발령을 받아도 딱히 기쁘지는 않았어. 거긴 그냥 나에겐 직장이니까. 자, 이쯤 되면 너는 '저 사람이 도대체 자기 옛 이야기를 뭐 하러 꺼내는 걸까' 하는 생각이 들 수도 있을 것 같아. 내가 하고 싶은 말은 이거야.

절대 학교에 지지 마.

학교에 굴복하는 교사는, 그저 정신이 박제된 교사일 뿐이야. 그런 교사는 아주 나쁜 의미로 모든 것을 다 내놓게 돼. 그렇게 밀리기 시작하면 끝이 없다는 말을 해주고 싶은 거야. 거기에 더해 패배자가 되면 네 자존감은 바닥을 치겠지. 하지만 냉정히 말해 그건 교사 개인의 문제에 지나지 않아. 진짜 문제는 따로 있어. 교사의 마지막 자존심인 교육마저 포기하게 될 가능성이 높다는 말이야. 그저 알고 있는 옛 지식을 끊임없이 그대로 써먹는, 하급 기술자로 전락해 버릴 수 있다는 사실이 무엇보다 가장 무서운 일이야.

발령장이라는 건 말이야, 네가 학교에서 교육을 할 수 있다는 허가서에 지나지 않아. 다시 말해 그걸 갖는다는 건, 최종점이 아니라 시작점에 불과한 거지. 그런데 안타깝게도 자격증을 갖고 있는 수많은 전문 직종 종사자들은, 마치 그걸 시작이 아니라 끝인 것처럼 여기는 경향이 있어. 꼭 교사만의 문제는 아니야. 자기 전공 공부를 일 년 내내 거의 하지 않는 사람들이 얼마나 많은지는 셀 수도 없을 정도니까.

시작부터 무거운 이야기를 해서 미안해. 하지만 나는 네가 조직에 짓눌리지 않고 살아남을 단 하나의 방법을 꼭 말해주고 싶어. 그리고 내가 생각하는 길은 이거야.

네 실력을 키워.

이게 다야. 인맥을 넓히고, 술자리에 자주 끼고, 말을 예쁘게 하는 것보다 중요한 건 오직 그것뿐이야. 이 단 하나의 진실에 마주서면, 나머지는 차라리 하찮은 것에 불과해. 네가 끝까지 살아남는 방법은, 술자리에 끼는 대신, 그리고 남의 요구에 너 자신을 맞추는 대신, 그 시간에 네 존재가치를 증명할 만한 것을 준비하는 거야. 쉽다는 말은 하지 않을게. 하지만 내가 아는 모든 직장인들은, 자기 울타리를 넘어서는 일을 모두 이 방법을 통해 해낼 수 있었어. 내가 아직 부족해서도 그렇겠지만, 나는 그 외의 다른 방법은 알지 못해. 그리고 무엇보다, 자기 자신을 울타리 안에 놓아두는 바보짓은 절대 하지 마. 이건 너 자신을 나약하게 만드는 그 어떤 일에도 타협하지 말라는 뜻이야.

그럴 수만 있다면 말이야, 그 시간이 다소 길고 괴롭더라도, 너는 끝끝내 학교라는 곳에서 살아남을 수 있을 거라 생각해.

아, 그리고 학교에 오게 된 것, 다시 한 번 축하해. 그리고 네가 진정 학교를 넘어설 수 있게 될 때, 그 땐 더욱 축하해 줄게. 그때까지 혹시 내 말이 아리송하게 들리더라도, 너무 걱정하지는 말고.

02

교육과 정치 사이의 어딘가에서

혹시 그런 생각 해봤니? 사람은 몸이 아프면 의사를 찾아가잖아. 그런데 환자는 의사를 찾을 때, 경험 없는 의사를 원하지 않아. 어느 정도 나이도 있어 보이고, 임상 경험이 풍부할 것 같은 의사를 찾게 돼. 불행히도 중요한 수술을 받아야 한다면, 그 환자는 더욱 그런 의사에게 매달리게 될 거야. 어떤 직업이든 세월의 무게가 더해져야 원숙해지는 단계에 도달하니까.

그런데 참으로 희한하게도, 학교는 병원과 반대야. 학부모들은 젊은 교사를 더 좋아하는 경향이 있어. 나이든 교사는 별로 신뢰하지 않거든. 왜 그런지 혹시 생각해 봤니? 그들은 이렇게 생각하는 거야. 교사의 전문성보다, 차라리 젊은 열정이 낫다고. 혹은 젊은 교사가 오히려 더 많이 알 거라고. 그러니까 학부모들은 교사가 갖는 전문성 같은 건, 아예 처음부터 기대도 하지 않는다는 말이 돼.

이런 일이 도대체 왜 벌어지는 걸까? 내부의 이유도 있고, 외부의 이유도 있겠지. 내부의 이야기를 해보자면, 나는 애초 출발점부터 뭔가 꼬였다는 느낌을 받아. 일단 학교에선 수업을 잘한다고 해서 존중받거나 하는 분위기가 아니거든. 그 예로 수석 교사 제도는 현실적으로 거의 의미가 없지. 그리고 우리끼리도 더 나은 실력과 열정에 대해 존중하는 분위기가 나타나지 않으면, 외부의 시선도 바뀌기는 어려울 거야.

한 가지 예를 들어 볼게. 애초에 학교에서 가장 높은 위치에 있는 교장은 사실 수업의 전문가라고 보기 어려워. 그보다는 오히려 행정의 전문가에 가깝지. 그건 그럴 수밖에 없는 구조에 문제가 있어. 너도 알다시피, 승진을 하려는 교사는 보통 장학사 시험을 치르게 돼. 그리고 장학사가 되면 교육청에서 죽도록 행정 업무만 하게 되고. 각종 의전이나 보고서 작성, 공문 발송과 예산 집행이 그들이 하는 일이야. 학교도 보수적이지만, 교육청은 그 갑절은 보수적인 곳이지.

그런데 그런 일은 학생 곁을 떠나야 할 수 있는 일이잖아. 그러니까 학생 옆을 떠나고, 교육에서 멀어져 있으면 있을수록, 그런 사람들이 학교라는 조직으로 돌아와 관리자가 될 가능성이 높아지는 거야. 그리고 그들 중 많은 수가 교육청의 관료적인 분위기에 그대로 젖어들어. 그리고 학교로 돌아와서 권위적인 교장이 돼. 전혀 그럴 것 같아 보이지 않았던 사람조차도 말이야. 어찌 보면 당연한 일인지도 몰라. 애초에 권력 지향적인 사람이 교장이 되기 좋은 구조니까. 더구나 학교는 생각보다 사회의 감시 관리가 잘 이뤄지지 않거든.

수많은 평교사들이 관리자와 싸우는 이유는 다른 게 아니야. 시야가 좁아지고 자기 권력을 추구하는데 재미 들린 사람들과 싸우는 거야. 실무에서 오랜 기간 떠난 그들이 권력을 쥐고 있는 까닭에, 그리고 그들의 귀가 막혀 있는 까닭에, 어떠한 교육적 목적도 그들에겐 크게 중요치 않아. 그래서 최대 수혜자여야 마땅한 학생은 소외되는 기형적인 모습이 나타나지. 그리고 그 분위기가 어떤 건지는, 내가 굳이 설명하지 않더라도 너도 금세 알 수 있으리라 생각해.

학교의 교사들은 일정 나이가 되면, 선택을 해야 해. 계속 교육을 할 건지, 아니면 정치를 할 건지. 그리고 학교에서 정치를 한다는 건, 다른 일반 회사와 별 차이가 없어. 그저 관리자에게 충성하고, 그렇게 함으로써 높은 평가를 받고, 자기 역시 그 자리에 올라갈 준비를 하는 것이지. 인맥이라는 이름의 계파를 형성하고, 라인을 잘 타서 초고속으로 승진하고, 학교 관리자로 임명되면 다른 교사들을 관리하고 통제하고, 더 나아가 때로는 감시하는 것, 대략 그 정도가 그들의 일반적인 방식이야.

내가 운이 없어서 그런지도 모르겠는데 말이야, 승진을 준비하는 교사들이 교육자로서의 자기 역할에 충실한 경우를 잘 보지 못했어. 내가 아는 이야기를 하나 들려줄게. 내가 아는 어떤 교장 선생님이 있어. 그리고 그분은 교장 승진이 빨랐기 때문에, 교장 임기를 다 채우고 다시 평교사가 되었어. 대개 교장으로서 임기를 다 채우고도 정년까지 기간이 남으면, 퇴직을 하는 경우가 많아. 그런데 그분은 퇴직 대신 학교에 계속 남기로 결심하셨던 거야. 흔한 일은 아니었지만, 나는 그분이 평교사로서 수업을 통해 자신의 마지막 교육철학을 실천하려나 보다, 이런 생각도 잠깐이나마 했었어. 하지만 그 기대는 여지없이 무너졌지. 그분은 새로 발령받은 학교에 가서 이런 말씀을 하셨다고 해. 오랜만에 수업을 해야 되는데, 내가 수업하는 법을 잊어버렸다고, 그러니까 당분간 날 수업에서 빼달라고 말이야.

그분의 사례가 정말 놀라운 사례일까? 자기 일에서 손을 떼고, 마침내 그 일을 할 수 없는 지경까지 퇴화하는 경우가 과연 그분의 경우뿐일까? 나는 꼭 그렇게만 생각하지는 않아. 많은 조직 구성원들은 일부 자신의 욕심을 채우기 위해 승진을 해. 그리고 그 과정에서 실적을 내야 하기 때문에 다른 사람들을 괴롭히는 경우가 종종 있지. 그러면서 정작 그 자신은 실무 감각이 떨어져. 그럼 다른 사람들은 어떨까? 승진을 하지 않으려는 사람 중에도 자신의 열정을 잃어버리는 사람은 많아. 그 이유는 설령 개인이 아무리 옳다 하더라도, 그 혼자서 조직 전체를 바꿀 수 없다는 사실을 깨닫게 되기 때문이야. 결국 무얼 해도 바뀌지 않는 조직 속에서 자신의 보신책을 자연스레 찾기 시작하는 거지.

물론 제 3의 길을 택하는 교사도 있어. 내가 아는 어떤 선생님의 표현대로, 정말로 '썩지 않기 위해' 몸부림치는 그런 교사 말이야. 죽어버리지 않기 위해, 정신이 박제되지 않기 위해 노력하는 그분들조차 없다면, 정말이지 우리 교육 현실은 잿빛 그 자체일 거야. 너도 앞으로 수없이 많은 연수에 참여하게 될 텐데, 그런 자리에서 정말로 빛이 나는 선배 선생님들을 찾을 수 있었으면 좋겠어. 그분들이야말로 네가 20년이고 30년이고, 앞으로 학교생활을 하는 동안 배울 것이 있는 선배 교사거든.

나 역시 그런 선배 선생님들을 몇 분 알고 있는데, 그분들께 여쭤보면 자기도 처음부터 그럴 수 있었던 건 아니라고 해. 새로운 변화는 보수적인 관리자와 조직 체계에서 늘 경계되기 마련인데, 거기에는 기존과는 다른 새로운 수업 방식도 해당되거든. 남과 조금이라도 다르다고 느껴지는 방식을 도입하게 되면, 곧장 반발에 부딪친다는 거야. 그래서 그분들 중엔 심지어 관리자뿐만이 아니라, 동료 교사와도 부딪쳤다고 말씀하시는 분도 계셔. 내가 아는 선생님 중 한 분은 그런 말씀을 하시더라. 자기만의 수업 방식을 지키는 데만 꼬박 10년이 걸렸다고. 10년이 지나니까, 더 이상 누구도 자기에게 아무 말을 하지 않더래. 그분은 또 이런 말씀도 하셨어. 자기는 학교에서의 모든 것을 다 기록했대. 모든 것에 근거 기록을 남겼던 이유는 단 하나, 살아남기 위해서였다고 하시더라고.

자기만의 수업방식을 지키는데 꼬박 10년이 걸리는 교직 문화라는 거, 참 이상하지 않니? 의사가 많은 수술을 통해 실력을 키우는 거라면, 교사는 많은 수업을 통해 실력을 키우는 거야. 교사에게 수업이란 곧 임상실험이니까. 그리고 그 와중에 더 나은 기법을 찾아내려 애쓰고, 학생들에게 더 효과적이고, 공감을 끌어낼 수 있는 수업 방식을 찾는 교사들이 대우받아야 하는 건 당연한 것 아닐까? 하지만 말이야, 너무나 당연한 이런 이야기에 공감하는 사람은 생각보다 적어. 어떤 조직에 있든, 사람은 쉽게 타성에 젖어들게 되고, 그때부터 아주 쉽게 비겁해지거든.

실력이 있는 교사는 좋은 교사야. 하지만 그것으로 우리 역할이 끝났다고 생각하면 안 돼. 그게 최우선은 아니니까. 학생들이 지금 이 순간, 무엇 때문에 고민하고 있는지, 왜 무기력한지 이해하려 노력하는 교사가 되었으면 싶어. 그걸 하게 된다면, 그래서 그 애들한테 필요한 게 뭔지 알고 그걸 네가 채워주고 싶다는 마음을 갖게 된다면, 너는 틀림없이 좋은 교사가 되리라 확신해. 교사가 자기 발전을 위해 가장 노력하는 때는, 무엇보다 학생들을 위해 무언가 해줄 수 있는 교사가 되고 싶다고 결심할 때일 테니까 말이야.

그리고 그렇게 학생 편에 서게 되면, 때로 다른 교사들에게 등을 돌려야 하는 순간이 올 수도 있을 거야. 그럴 때는 남들에게 미움을 받더라도, 그리고 더 편한 길을 놔두고 더 힘든 길로 돌아가더라도, 꼭 네가 가고 싶은 길로 갔으면 싶어. 험난한 직장 생활 속에서 네가 가야할 길은 넓고 탄탄한 길이 아니라, 좁고 구불구불하고, 그래서 남들은 도무지 가지 않는 그런 길이야. 그리고 오직 그럴 때만, 너는 무사히 목적지에 도착할 수 있을 거야. 남들이 도무지 '그렇게는 살 수 없다'라고 말하는, 바로 그 방식을 선택하고 그 길을 걸어 가. 그러면 너는 학생들에게도, 그리고 후배들에게도 정말로 존경받는 교사가 될 거야. 그렇게 느리지만 꾸준한 사람들이 더 많이 성공할수록, 다음 세대의 교사와 학생은 우리보다 덜 고생해도, 더 크게 행복할 수 있지 않을까?

네가 진심으로 가르치는 일을 좋아해서 학교에 왔다는 걸 나는 알아. 그러니, 나는 네가 정치를 하기보다 교육을 했으면 좋겠다는 생각이 들어. 그게 세상이 우리 교사들에게 바라는 것이고, 네가 스스로의 자긍심을 지키는 길이야. 꼭 그리 될 수 있기를 진심으로 응원할게.

03

업무의 속박에서 벗어나려면

학교일이 제법 익숙해졌다는 이야기는 참 반가운 이야기야. 학교가 순환보직제를 취하다 보니, 지금 업무에 익숙해질 때쯤 다른 업무로 넘어가게 된다는 점은 아쉽지만 말이야. 그건 많은 직장에서 취하는 방식인데, 업무를 공정하게 분배한다는 점, 그리고 다양한 경험을 쌓게 한다는 점이 장점이야. 대신 업무를 깊게 배우기에는 한계가 있는 방식이기도 해. 어찌됐든, 지금 하고 있는 업무를 충실히 배워두고, 너 나름대로 매뉴얼을 만들어둘 것을 추천하고 싶어. 그리고 필요할 때마다 네 매뉴얼을 보강하는 거야. 그러면 실수가 많이 줄어들 뿐 아니라, 일하는 시간이 줄어들 거라는 장점이 있지.

하지만 그렇다곤 해도, 이 모든 일을 하는데 있어서 근무 시간을 넘겨서까지 할 필요는 없어. 아직 신규인 네가 10년차와 똑같은 능력을 가졌다면 그거야말로 기적이지. 그런 일은 있을 수 없어. 그러니까 네가 시간이 걸리는 건 당연해. 그러니 그런 걸로 스트레스 받지는 마. 10년차 교사는 1년차 교사인 너보다 월급이 많아. 그 이유는 두 가지 때문인데, 하나는 더 많은 책임을 지기 때문이고, 또 하나는 그들의 업무 숙련도가 너보다 높기 때문이야. 국가와 너 사이의 정당한 계약대로 일하면 된다는 마음가짐으로 마음 편히 일을 해야 해. 그래야 도리어 스트레스를 덜 받고 길게 갈 수 있으니까. 지나친 사명감은 정신을 구속하는 법이거든.

다시 말해 네가 학교에서 오래도록 근무하고 싶다면, 너는 학교일을 손에서 놓을 줄도 알아야만 해. 그러니 근무시간 이후에까지 일을 잡고 있는 경우는 되도록 줄여야 하고. 처음이라 그게 어렵다는 것도 잘 알고, 일부 선배교사들이 자기가 해야 할 일을 자기보다 어린 교사에게 미루는 경우가 있다는 건 나도 알아. 그런 경우에 모든 일을 다 맡아 할 필요는 없어. 한 가지 요령을 알려주자면 어디부터 어디까지는 내가 할 테니, 그 외 부분은 당신이 해달라고 요구하는 거야. 다시 말해 분업을 요구하는 거지. 이건 전적으로 일을 거부하는 것보다는 훨씬 현명한 행동이야. 그리고 일을 아예 하지 않겠다는 것이 아니기 때문에, 명분도 네가 쥐게 되지. 대개의 경우 이 방식은 효과적이야. 하지만 그럼에도 불구하고 만약 상대방이 거절한다면, 너도 그 일을 할 필요는 없어. 당연히 네 업무가 아닌 경우에 해당하는 이야기겠지만.

근무 시간이 끝나면, 신속히 학교에서 벗어나는 것이 여러모로 좋아. 가장 난처한 것 중에 하나가 전화야. 퇴근 시간 이후에도 남아 있다가 전화를 받으면 여러모로 곤란해질 때가 있어. 네 책임이 아닌데도 네가 책임을 져야 하는 상황이 발생할 수 있거든. 그런 경우 전화를 아예 받지 않는 것이 상책이지만, 일단 전화벨이 울리면 받고 싶어지는 게 사람의 마음이잖아. 하지만 이럴 때는 단호해질 필요가 있어. 특히나 아직 업무나 민원 응대 요령에 익숙하지 않는 신규 교사의 입장이라면 더더욱 이런 일에 함부로 개입하지 말라고 이야기하고 싶어. 어설픈 의욕으로 문제를 키우지 말고, 차라리 옆에서 전화를 받는 다른 선배교사들이 어떤 방식을 취하는지를 먼저 보고 충분히 배우는 편이 나아(더 좋은 건 전화응대 매뉴얼대로 연습하는 거고). 그게 정상이고, 업무 시간 이후에 전화하는 사람들이 규칙을 어기고 있는 거니까, 거기에 죄책감을 갖거나 하지는 말았으면 싶네. 하지만 그게 어렵다면, 퇴근 시간 이후에는 어떤 일이 있어도 학교에 남지 않는 편이 낫다는 생각을 가져야 할 거야. 그리고 정말 중요하고 긴급한 전화는 사실 학교로 오지 않아. 교감 선생님이나 교장 선생님께 직접 연락이 가지. 좋은 의미든 나쁜 의미든, 인맥은 어떤 식으로든 작동하니까.

그리고 무엇보다도 잠은 충분히 잤으면 좋겠어. 나는 되도록 잠을 많이 자려 노력하는데, 내 몸 상태가 좋아야 학생들에게도 관대할 수 있기 때문이야. 내 몸이 피곤한 상태에서는 똑같은 말도 좋게 나가는 법이 잘 없더라고. 아무래도 몸이 힘드니까. 잠을 줄이고 교재 연구를 하는 것보다, 차라리 잠을 더 자더라도 학생들에게 친절한 편이 학생들에게도 도움이 되지 않을까? 그리고 바로 그렇기 때문에, 야근은 될 수 있는 한 피하는 게 좋아. 이 말은 널 지치게 하는 모든 것으로부터 너를 보호하겠다는 생각을 해야 한다는 뜻이야.

열심히 일하는 건 좋은 일이야. 그건 사람으로 하여금 보람을 느끼게 하고, 살아가는 의미를 부여하니까. 하지만 그건 어디까지나 '근무 시간에만'이라는 단서 조항이 달려 있다는 점을 기억했으면 좋겠어. 그 점을 이해하지 못하면, 업무 시간과 사생활이 구분되지 않게 될 거야. 그리고 조만간 너는 밤 10시까지 일하는 날이 늘기 시작할 거고. 그러면 그럴수록, 네가 하는 일에 회의감이 더 빨리 찾아 와. 지치지 않으려면, 지치지 않는 상황에 자신을 놓아두어야 해.

나도 지금은 이렇게 말하지만, 사실 처음 발령을 받고 나서는 일주일에 100시간 이상 일했어. 하지만 그때를 생각하면, 날마다 왜 그렇게 바빴는지 도무지 기억이 안나. 뭔가 정말 의미 있고 중요한 일을 했다면 모르겠는데, 딱히 그랬던 것 같지도 않거든. 그 당시에 날마다 기록하던 수첩을 펴봐야 뭘 했는지 어렴풋이 기억나는 정도니까. 그리고 지금은, 더 이상 그렇게 일하지는 않아. 전보다 일하는 속도가 빨라졌느냐 하면 꼭 그렇지도 않거든. 그런데도 훨씬 여유로워진 느낌이야. 비결이 있다면 내 스스로 개인 업무를 보거나 쉴 시간을 미리 정해두는 거야. 결코 시간이 많이 남아서는 아니라는 말이지. 만약 그러지 않았다면, 나는 글을 쓰는 일 같은 건 아예 엄두도 내지 못했을 거야.

사람은 소나 말이 아니야. 하루 종일 일하고만 있을 수도 없고, 그래서야 살아가는 보람도 느낄 수 없지 않을까? 그러니까 말이야, 아무리 일이 많더라도 억지로라도 쉬는 연습을 계속해 봐. 끊임없이 일하는 것도 힘든 일이지만, 연습이 안 된 사람에겐 쉬는 것도 어려워. 쉬는 연습을 충분히 해야, 자기 자신에 대한 긍정성이 커질 수 있으리라 생각해.

일에 익숙해졌다는 말도 좋지만 말이야, 다음번엔 주말을 어떻게 쉬었는지, 그리고 자신을 위해 어떤 좋은 일을 해줬는지 들려줄 수 있기를 기대할게.

04

법과 친해져야 하는 이유

전에 네가 업무를 처리하다가 모르는 게 생겼는데, 옆 자리 선생님들이 다들 바빠서 물어보기 미안하다고 했잖아. 그래서 오늘은 그에 대한 이야기를 하려고 해.

일을 하다가 모르는 게 생기면, 가장 쉽게 할 수 있는 게 옆 자리의 다른 선생님에게 질문하는 걸 거야. 하지만 이 경우에는 몇 가지 문제점이 있어. 첫 번째는, 매번 한두 사람에게만 물어보기가 미안해진다는 거야. 어쨌든 상대방을 번거롭게 하는 것이니까, 감정적인 불편함이 생길 수 있지. 두 번째는 나보다 경력이 많은 사람이라고 해서 모든 것을 알고 있는 것은 아니라는 점이야. 게다가 자신의 관점에서 업무처리 방식에 대해 설명하는 경우도 있기 때문에, 이런 점을 고려해서 일처리를 해야 돼. 하지만 아직 너는 그럴 준비까진 되어 있지 않을 거야.

그럴 때 가장 좋은 건 역시나 교육청에 문의하는 것이겠지. 하지만 매번 그러기도 쉽지 않아. 결국 업무에 대한 기본 공부를 한 번쯤은 제대로 해둘 필요가 있다는 것이지. 그렇다면 뭘 기준으로 공부해야 할까? 가장 좋은 것은 법을 공부하면 돼. 특히 초중등교육법과 공무원행동강령은 꼭 알아둘 필요가 있어. 예를 들어 상사의 지시가 법이 아니라 자의적 판단에 의한 것일 때, 네가 스스로를 보호하면서 일을 매끄럽게 처리하려면, 이렇게 말하면 돼. 관련법에는 이러저러하게 나와 있다고. 그래서 죄송하지만 그 일을 하기가 어렵겠다고.

이 경우 좋은 점은, 네가 상사에게 동의하지 않아서가 아니라, 법적으로 문제가 있는 지시여서 그대로 행할 수 없다는 명분을 내세울 수 있다는 점이야. 다시 말해 상대방의 감정을 거스를 가능성이 줄어든다는 뜻이지. 게다가 보수적인 관리자일수록 법을 두려워하는 경우가 종종 있어. 그런 경우라면 설득할 수 있을 가능성은 더욱 높아지지. 게다가 법이란 대개 누구나 막연하게 생각하고 어려워하지. 그래서 네가 그 부분을 정확하게 제시하고 당당하게 말하면, 상대방은 너를 쉽게 보지 못해. 여러모로 법을 공부하는 건 쓸모가 있지.

또한 학교는 공공기관이기 때문에, 정기적으로 감사를 받아. 만약 교육청에서 감사위원이 학교를 방문했고, 너의 잘못된 일처리를 확인했다고 생각해 보자. 그럴 때 네가 "그건 상사의 지시에 그대로 따

랐을 뿐입니다."라고 말한다 해도 그냥 넘어가긴 어려워. 그들 입장
에서도 실무 담당자에게 최소한의 책임도 묻지 않을 수는 없거든. 결
국 이렇든 저렇든, 스스로를 보호하는 가장 좋은 방법은 법을 공부하
는 것이라는 결론에 도달하는 거지.

한 가지 예를 들어 볼게. 내가 책을 쓰기 시작한 뒤로, 나에게 강연
을 의뢰하는 학교가 생기기 시작했어. 하지만 그분들은 나를 작가로
서 초청하는 것이지, 내가 공무원이어서 부르는 건 아니야. 이 경우
내가 해당 학교에 가서 강연을 한다고 해도 그건 직무와는 무관하다
는 뜻이지. 이럴 때는 당연히 학교에 출장을 신청할 수 없어. 관리자
에게 사유를 말한 다음, 연가를 쓰고 가야만 해. 내가 미리 말씀을 드
린 후에 연가를 신청했더니, 교감 선생님께 전화가 왔더라고. 이걸
연가 대신 출장으로 처리하는 편이 맞지 않느냐고. 사실 왜 그런 말
씀을 하셨는지는 지금도 모르겠어. 어쨌든 나는 규정을 들어서 말씀
드렸어. 공무원 행동강령에 따르면, 직무와 무관한 경우에는 연가를
활용하라는 지침이 있다고. 그러자 교감 선생님께서는 알았다고 말
씀하시곤 전화를 끊으시더라고.

만약 이 경우 내가 법을 몰라서 "네, 알겠습니다."라고 대답하고
출장으로 처리를 했다면 어떻게 됐을까? 눈 밝은 감사관이 잘못을 찾
아내고 나에게 책임을 추궁할 수 있지. 아무리 상관의 지시에 따른

행동이었다고 해도 말이야. 결국 몇 번이나 되풀이해서 말하지만, 내가 나를 보호하는 방법은 법과 친하게 지내는 수밖에 없다는 거야. 참고로 더 말하자면, 흔히 '김영란법'이라고 이야기되는 '부정청탁 및 금품 등 수수금지에 관한 법률'은 몇 번이고 다시 보는 편이 좋아. 법률이 생각보다 상당히 까다로운 부분이 있기 때문에, 그리고 '직무 관련성'의 개념이 매우 모호하기 때문에, 정확히 이해하고 있어야 하거든. 실제 이 법을 다루는 국민권익위원회에 문의를 하더라도, 담당자마다 답변이 다른 경우가 있었어.

예를 들어 외부 강의의 경우, 김영란법은 직무와 관련이 있든 없든, 시간상 근무 시간이든 아니든, 무조건 기관장(학교의 경우에는 학교장)에게 사전 신고를 하도록 되어 있어. 반면 근무 시간 이외에 하는 강의이고, 대가를 받지 않는다면 이는 신고 대상이 아니야. 또는 대가를 받더라도, 요청 기관이 국가나 지방자치단체인 경우에는 사전 신고를 하지 않을 수 있다는 예외조항이 있는데, 공립학교의 경우는 지방자치단체에 속하기 때문에 사전 신고의 의무가 없어. 반면 교육과정평가원은 공공기관이긴 하지만 국가나 지방자치단체가 아니어서 사전신고 대상이야.

꽤 복잡하지? 하지만 이런 부분을 세세하게 살펴봐야 해. 너도 언젠가는 단조로운 학교일만 하는 것에서 벗어나, 또 다른 일을 하게 될 수 있으니까. 나는 필요하면 즉시 관련 법조항을 살펴보는데, 그 덕분에 나 스스로를 구한 적이 몇 번 있어. 자신만의 생각이나 조직에서 그간 행해 왔던 관례에 따른 일처리 방식이 너를 보호해주지는 못해. 이런 점을 명확히 이해하고 실천한다면, 조직의 비합리적인 일처리 방식이 존재한다 한들 거기에 따라갈 필요가 없고, 찜찜한 마음이나 불만을 가질 필요도 없게 되지. 정신적으로 훨씬 여유로워질 수 있다는 말이야(물론 법을 공부하는 동안은 당연히 힘들겠지만).

정말 중요하기 때문에 한 번만 더 반복할게. 사람의 말을 믿지 말고, 그보다는 법률을 믿어야 해. 그리고 사람에게 물을 거라면 조직의 관리자에게 묻기보단, 교육청이나 국민권익위원회와 같이 책임지고 답변을 줄 수 있는 기관을 찾아 전화로 먼저 문의해 봐. 세부적인 업무를 담당하는 그 기관의 전문가들이, 그래도 가장 정확한 답변을 줄 수 있는 사람들이니까. 업무를 처리하는 기준과 내용은 처음에는 배우기 어려운 게 사실이야. 하지만 정확히 배워두면 일을 하는 동안 계속 써먹을 수 있으니, 처음부터 제대로 배우는 편이 좋을 거라고 말해주고 싶어.

05

학급지도에 관한 몇 가지 조언

　첫 해부터 담임을 맡게 되어 뭐라 말을 해야 좋을지 잘 모르겠구나. 축하를 해야 할지, 위로를 해야 할지 고민스러워서. 나 역시 첫 해에 담임을 맡았는데, 그때 다른 선생님 한 분이 그런 말씀을 하셨어. 1년차 교사에게 담임을 맡기지는 않았으면 좋겠다고. 아직 학교에 적응하기 전인데 학교에서 무리하게 일을 시키는 건 바람직하지 않은 것 같다고 말이야. 사실은 나 역시 그분의 말씀에 동의해. 학교에선 원로 교사들이 담임 맡기를 꺼려하기 때문에, 젊은 교사들의 몫이 되는 경우가 많아. 담임을 맡으면 일이 두 배로 늘어나니까. 물론 담임의 업무가 고생스럽기만 한 것은 아니야. 교사다움을 느끼기에 담임만한 일은 학교에 없지. 학교에서 아무리 행정 전문가로서 이름을 떨친다 해도, 그것은 결국 교사로서 누리는 최고 수준의 기쁨은 아니거든. 그런 삶의 자세와 태도를 잊지 않으면, 교장이 되고자 하는 욕심 또한 굳이 부리지 않게 될 거고.

그런데 말이야, 세상의 다른 일들이 모두 그러하듯 일이라는 게 의욕만으로는 되지 않아. 네가 가장 먼저 살펴보아야 할 것은 다른 교사들은 어떤 방식을 썼는가를 살피는 거야. 시중에는 교사들의 학급 경영을 위한 책이 이미 많으니, 그중 몇 권을 골라서 읽어보면 도움이 될 거야. 그리고 아직 학기 초라 정신없이 바쁘겠지만, 주말을 이용해서 하루 2시간씩 읽고 필요한 부분이 있다면 따로 밑줄을 치거나 플래그잇을 붙여두면 도움이 돼. 플래그잇을 붙이는 건 내 독서 방법 중 하나인데, 이렇게 하면 책의 내용을 일일이 기록하지 않아도 되는 장점이 있어. 나는 책에다가 메모하거나 페이지를 접는 것을 좋아하지 않아서 이런 방식을 써. 기록을 하려고도 몇 번 시도했지만, 번거로운 것은 어쩔 수 없더라고.

아무튼 이런 방식으로 몇 권의 책을 섭렵하고, 그중 너에게 맞는 몇 가지 방법을 추려보는 거야. 그리고 그걸 토대로 학급 관리 방법을 정하는 거지. 몇 가지 기준과 원칙이 없다면, 학생들을 대할 때 일관성이 없게 되고, 이는 학생들의 불만을 만드는 요소가 돼. 그러니 처음부터 기준을 만들어서 '나는 이러한 것들에는 관대할 수 없다'라고 학기 초에 미리 이야기해 두어야 해. 학생들은 비교적 눈치가 빠른 편이어서, 교사에 대한 파악은 채 일주일이 걸리지 않아. '저 교사는 무엇을 원하는구나, 그러니까 저 사람을 만날 때는 이런 점은 조심해야겠다'와 같은 기준이 내면화되는 거지. 예를 들면 나는 학생들의 성적은 거의 문제가 되지 않지만, 예의가 없는 태도에는 상당히 민감한 편이야. 세상을 살아가는 데 있어 최상은 태도가 좋은 것이고, 둘째는 실력이고, 셋째는 노력이라고 생각하니까.

이런 기준을 미리 학생들에게 이야기하고 나서, 대략 일주일에서 이주일간 학급을 운영할 반장과 부반장을 뽑아야 해. 나는 1학년들의 경우에는 내가 직접 반장을 선출해. 거기에는 몇 가지 이유가 있어. 첫째, 학생들은 자기 자신에 대해 아직 몰라. 이 상황에서 반장선거를 하면, 처음에는 의욕적으로 반장을 하겠다고 하는 학생들이 나타나지. 하지만 실제 그런 학생들이 반장이 되면 얼마 지나지 않아 자기 역할에 무심해지는 경우가 많아. 그렇게 되면 반장은 담임교사와 싸우게 돼. 이런 일이 일어나는 이유는, 반장을 하고자 하는 학생이 자신이 리더로서의 역량을 갖추고 있는 건지, 아니면 잠깐의 호기심 때문에 리더가 되어 보고 싶을 뿐인지, 구분을 못하기 때문이야. 그렇기 때문에 1학년 반장은 선거로 선출할 때보다 담임교사가 직접 임명할 때 학급 운영이 잘 돼.

두 번째 이유로는, 학생들이 아직 서로를 잘 모른다는 거야. 여러 중학교 출신 학생들이 섞여 있기 때문에, 당연히 서로에 대해 잘 몰라. 그런 상황에서 반장 선거를 치르게 되면, 자기와 같은 학교 출신이라는 이유만으로 특정 후보를 지지하게 되는 경우가 생길 수 있어.

학생들은 처음의 탐색기간을 거치면 재빨리 무리를 형성하는 경우가 있는데, 이런 경우 반장이 중심을 못 잡으면 문제가 확대될 수 있거든. 2학년이 되면 모두 학교생활을 1년간 해봤고, 서로를 아니까 별 문제가 안 되는데, 아직 누가 누군지 모르는 상황에서의 선거는 바람직하지 않을 수 있어.

세 번째 이유로는, 반장은 의외로 다른 학생들과의 관계가 크게 중요하지 않다는 거야. 고등학교 생활은 입시와 직결되기 때문에, 반장이 고생하는 만큼 인정을 해주어야 한다는 분위기가 어느 정도 형성돼. 그래서 설령 학생들이 전적으로 협조하진 않더라도, 그럭저럭의 수준으로는 협조해 주는 편이거든. 그래서 진짜 초점은 반장과 다른 학생들과의 관계가 아니야. 그보다는 오히려 반장과 담임교사의 관계라고 볼 수 있지.

특히 반장이 역량이 부족하면 담임은 모든 일을 혼자서 다 해야 하는데, 이렇게 되면 담임 입장에서도 당연히 스트레스가 쌓이고, 그래서 반장과의 관계는 더 나빠지는 악순환이 반복 돼. 학급운영이 잘 안 되니 다른 학생들과의 관계도 나빠지는 건 당연하고. 그러니 너와 잘 맞을 것 같은 학생을 처음부터 선출하면 1년간의 학급 운영이 순조로울 거야. 이때 유의할 점은, 반장을 성적을 고려해서 뽑는 것이 아니라, 함께 일을 할 때 가장 도움이 될 만한 역량이 있고, 모범적인 학생을 선출했다는 사실을 학생들에게 납득시킬 수 있어야 한다는 점이야.

또한 학급별로 1인 1역할을 만들어서 수행하는 경우가 있는데, 나는 굳이 모든 학생들의 역할을 지정하진 않아. 그보다는 하고 싶은 역할을 만들어서 해보라고 해. 꾸준히 하는 경우에만 생활기록부에 적어준다고 약속하고. 처음부터 모두에게 억지로 책임을 지우면, 그 중에서는 자기 역할을 하지 않는 학생들이 당연히 나타나. 그러면 너는 그 학생들과 빈번하게 싸울 테고. 교사들은 애초에 학교에서 모범생이었고 우등생이었기 때문에 학생들의 그런 태도가 용납이 안 되는 경우가 많은데, 처음부터 욕심을 줄이는 편이 서로에게 도움이 될 거야. 아무리 의도가 좋아도, 학생들과 싸우는 결과로 끝나면 얻는 것보다 잃는 게 더 크니까.

마지막으로 해야 할 건, 성격유형검사와 진로검사를 배워서 활용하는 거야. 학교에서 실시하기도 하지만 그건 전체를 대상으로 하다 보니 크게 도움 되는 내용이 잘 없어. 게다가 거기 나온 내용을 그대로 생활기록부에 적어주기에는 너무 부실하게 느껴지는 경우도 있거든. 무엇보다 성격이나 진로 검사를 할 수 있게 되면 학생과의 상담도 더 차분하고 깊이 있게 할 수 있어. 성격유형검사에 흔히 쓰이는 것이 MBTI나 에니어그램인데, 지금이 아니더라도 공부해 볼 기회를 만들어 봤으면 좋겠네. 시간이 다소 걸리고 비용도 발생하겠지만, 한 번 배워두면 교직에 있는 동안 계속 활용할 수 있으니 좋은 투자라고 생각해.

게다가 학교생활을 하다가 지치게 되면, 본인의 스트레스 정도를 스스로 측정할 수도 있어. 그냥 힘들다가 아니라 내가 어떤 일로 어느 정도나 힘든지, 자신을 들여다 볼 수 있다는 뜻이야. 자신을 지키는 법을 알아야 조직에서도 살아남을 수 있는 법이야. 너를 보호하기 위해서라도 심리검사 도구와 관련된 부분은 배워두면 도움이 될 거야.

아, 그리고 학생들에게 성적을 가지고 스트레스를 너무 줄 필요는 없어. 인문계의 지상 최대 과제는 학생 대학보내기인 것처럼 호들갑을 떠는 경우가 많은데, 사실 학생들은 자기가 알아서 자신이 갈 대학을 정하고 방법을 찾는 시기가 와. 진짜 문제가 되는 건 성적보다는 오히려 친구 관계인 경우가 많은데, 사소한 다툼이 등교거부로 이어지거나, 가출이나 기타 비행으로 이어지는 경우까지 있지. 특히 이런 부분에선 남학생보다는 여학생에 주의를 기울여야 해. 문제 상황이 더 복잡하고 오래가는 경우가 많거든.

참고로 여학생이 친구들과 관계가 틀어지면 가장 먼저 나타나는 현상 중 하나가 밥을 먹지 않는다는 거야. 여학생들은 보통 서너 명씩 무리지어 다니는 경우가 많은데, 그 무리에서 쫓겨나면 다른 친구들의 무리에 끼기 전까지는 혼자 지내야 하거든. 그런데 그 모습을 보이기 싫으니까 차라리 밥을 먹지 않는 거지. 그리고 주기적으로 이런 문제가 종종 발생하기 때문에, 지금 당장 친한 친구들 무리가 있다고 해서 안심하면 안 돼. 상황을 주기적으로 확인해야 하고, 담임 교사나 학교를 상대로 책임을 묻고자 하는 학부모에 대응하기 위해서라도 이런 문서화된 근거 자료는 확보해 두는 편이 좋아.

또 하나, 네가 상대해야 하는 학생의 뒤에는 언제나 그 보호자가 있음을 명심해야 해. 그 점을 종종 잊어버리기에 문제 상황이 발생하는 교사들이 있어. 경력이 많은 교사들 중에도 이런 문제는 나타나는 것 같아. 학생에게 함부로 말하고, 사실이 아닌 이야기를 추측해서 하는 경우가 그런 경우지. 물론 그 뒤에 보호자가 있든 없든, 학생들에게 기본예절을 갖춰야 함은 당연해. 하지만 나보다 어린 상대이다 보니 자꾸 쉽게 그 점을 잊어버릴 것 같다면, 그 뒤에 어른이라는 보호자가 있음을 상기하라는 뜻이야. 이런 점과 관련해서, 학생들에게 존댓말을 쓰는 습관을 만들어 두는 것도 상당히 도움이 돼. 학교에 있다 보면 나이 어린 후배 교사에게 함부로 반말을 하는 교사들을 종종 보는데, 그런 경우 그 사람들은 학생 앞에서도 말실수를 하는 경향이 있어. 그리고 그런 일은 듣고 싶지 않아도 학생들을 통해 내 귀에 다 들어오지. 너 역시 그런 실수를 하지 않으려면, 반말을 함부로 하지 않는 편이 도움이 될 거야. 나이가 어리다는 것이 상대가 나보다 열등하다는 뜻은 아니니까.

담임이 되었으니, 학생들에게 좋은 모습을 많이 보여주길 바랄게. 그러나 너무 완벽하려고 애쓰지 않아도 돼. 학생들도 네가 사람이라는 사실을 당연히 알아. 인간적인 모습을 보여주고, 그래서 너도 실수할 수 있다는 모습을 보여 줘. 무엇보다, 많이 말하려 하기보다는 많이 들어주려고 노력하는 교사가 좋은 교사야. 아무리 가르치는 일이 직업이라고 해도, 너무 가르치려고만 들지 말고. 그럼 학생들이 너에게 자신의 이야기를 들려주게 될 거야. 그럼 내년 2월까지 행복한 담임생활할 수 있기를 빌게.

06

절실한 학생들을 먼저 도울 것

모든 학생을 똑같이 대하라는 말은 사실 말이 안 돼. 우리는 성실하고 자신을 위해 날마다 좋은 일을 하는 학생을 기쁘게 바라보지. 반면 날마다 다른 학생을 괴롭히고 불필요한 문제를 일으키는 학생을 똑같이 볼 수 있는 사람은 거의 없어. 우리는 성인(聖人)이 될 수 없고, 그래서도 안 된다고 생각해. 우리는 현실에 발을 디디고 사는 존재니까. 어쩌면 요즘 학교의 문제는, 학생들의 문제에 단호하게 개입하지 못함으로써 발생하는 문제들일지 몰라.

아직 너는 학교가 처음이니, 내 말에 반발심이 생길 수도 있으리라 생각해. 특히나 지금 네가 학생들과의 관계가 좋다면 더욱 그렇겠지. 하지만 가장 좋은 어른은, 약간 엄격한 어른인지도 몰라. 사람의 정신이란 끝도 없이 나태해지고, 일관성을 지니기가 매우 어렵지. 자신이 하고자 하는 일을 찾아내어 끊임없이 스스로를 단련하는 태도, 그

것이 우리가 가르쳐야 할 가장 중요한 삶의 태도라고 나는 믿어. 그런데 마냥 방관하는 태도로 학생들을 대하면, 그 학생들은 자유에는 책임이 따른다는 사실을 이해하지 못한 채로 어른이 돼. 그건 어떠한 이유로든 바람직한 것은 아니지.

모두를 똑같이 대할 때의 가장 큰 문제는, 정말 긴급하고 절실한 학생들을 도울 수가 없다는 점이야. 그건 도리어 아무 문제가 없는 학생들을 편애하는 꼴이 되니까. 따라서 그 방식은 도리어 불공평한 결과를 낳아. 그런 식으로 학생들을 대하다 보면, 그늘에 가려진 학생에겐 주의와 애정이 덜 가게 돼. 결코 쉽게 드러나지 않는 방식으로, 그 학생들을 지지하고 지켜주는 것이 교사의 할 일 중 하나야.

솔직히 말하면 말이야, 나는 본인이 정말로 절실하거나 태도가 좋은 학생들에게 호감이 가고, 그런 학생들을 먼저 돕게 되는 것 같아. 반대로 공부 잘하고 능력도 있는 학생에겐 관심이 잘 안 가. 그 학생들은 자기가 알아서 잘할 능력이 있으니, 자기 방식대로 해도 별 문제가 없거든. 그런 학생들에게 내 조언은 혼란만 가져올 수 있으니까.

가장 좋지 않은 경우는 공부는 잘하는데 태도가 성실하지 못한 경우야. 왜 좋지 않으냐 하면, 이런 학생들은 스스로의 능력에 과신이 있어서, 교사가 지도를 해도 잘 받아들이지 못하는 경우가 많거든.

그러다 보니 발전 가능성이 다른 학생들보다 낮은 편이야. 특히나 부모의 양육방식이 '공부만 잘하면 된다'라거나 '우리 애는 다치면 안 된다'는 방식이면 더 이상 할 수 있는 게 없지. 물론 이런 학생들에겐 할 수 있는 게 있더라도 별로 돕고 싶지도 않겠지만.

그런데 세상의 많은 어른들이 실제 학교나 직장의 후배를 그렇게 대해. 사람은 자기가 아끼는 다른 이의 능력이 다소 부족하면 그건 문제 삼지 않아. 내가 옆에서 채워주면 된다고 생각하거든. 반면 태도를 일일이 교정해주고 싶다는 생각은 별로 하지 않는 것 같아. 일단 예의 없는 사람을 옆에 두는 것 자체가 불편한 일이니까. 게다가 나이를 먹어갈수록, 조언을 해주는 사람은 줄어. 어릴수록 인성을 우선적으로 가르쳐야 하는 까닭은, 기술은 사회에 나가서 필요할 때 배워도 괜찮지만, 다른 사람의 성격적 결점을 지적해주는 윗사람은 갈수록 만나보기 어렵기 때문일 거야.

그리고 그런 점에서 보면, 사람에 대한 신랄한 평가와 엄격하게 공과를 따지는 마키아벨리즘적 방식은 나와는 거리가 있는가 봐. 나는 마키아벨리의 통찰력에 상당히 감탄하고 있지만, 사람에 대한 평가 부분에선 그만큼 냉정하긴 어려운 것 같거든. 절박한 마음으로 최선을 다하는 학생, 자신이 선택한 것에 대해 책임을 지려는 학생이 능력만 있는 학생보다는 훨씬 돕고 싶어지거든.

어차피 너나 나는 하루를 48시간으로 늘릴 수 없어. 그리고 몸을 둘로 나눌 수도 없지. 그러니 한정된 시간과 에너지를 모든 학생에게 골고루 나눠주어야 한다는 생각은 하지 마. 그건 애초에 불가능하니까. 대신 지금 당장 돌봐야 하는 학생이 있는지를 살펴보고 그런 학생들을 먼저 돕겠다고 생각하는 편이 나을 거야. 그런 학생들이 있는지 자주 살피는 건 도움이 돼. 왜냐하면 학생들은 아무리 친한 교사여도 자기 속마음을 다 털어놓긴 어려울 때가 있거든. 그건 네가 잘못해서가 아니라, 네가 어른이어서 학생들 입장에선 말을 꺼내기 어렵기 때문이야.

사회가 어려워지고 맞벌이 가정이 늘어나면서, 학교는 교육 기관의 성격에 더해 보육 기관의 성격까지 띠게 되고 있지. 지금도 시골 학교들은 야간 자습을 폐지하지 않는 경우들이 있는데, 이는 꼭 학생들이 정말로 열심히 공부하기를 바라서는 아니야. 그런 경우도 있겠지만, 그보다는 갈 데 없는 애들 데리고 있어야 한다는 거지. 학교 간에 통폐합이 이뤄지면서, 집에서 멀리 떨어진 곳에 있는 곳으로 학교를 다녀야 하는 학생들이 늘고 있거든. 그 학생들이 밖에 나가 무슨 사고를 칠지 모르니, 그냥 학교에서 데리고 있자는 거야. 문제는 사회 전체가 해결책을 찾기 위해 노력하기보다, '네가 학교에서 돈을 버니, 애들 책임지는 건 당연하지'라고 교사에게 아무렇지 않게 말하는 사회적 분위기야. 이런 식의 분위기 속에서 좋은 해결책이 나올 것 같지는 않거든.

　반복해서 말하지만 이런 현실에서 네가 할 수 있는 최대치는, 결국 현재 상황에서 가장 긴급한 학생들을 먼저 돌보는 거야. 한 가지 팁을 주자면, 학생들을 돌볼 수 있는 시간을 늘리고 싶다면 불필요한 행정 업무에 쓰는 시간을 줄여 봐. 행정 업무, 너무 빠릿하게 처리하진 않아도 괜찮아. 네 학교 업무의 본질이 그것도 아니고. 다소과격하게 들릴지 모르지만 항상 급한 것은 네가 아니라, 관리자와 교육청일 뿐이니 별로 염려하지 마. 네 본업에 충실함으로써 나머지 부분에 다소 태업을 하더라도, 너는 충분히 훌륭한 교사야. 그러니 걱정 말고, 그런 학생들을 돕는 일에 네 시간을 먼저 쓸 수 있었으면 좋겠어.

07

미래를 위해 현재를 소비하지 말자

사람은 미래를 위해서라도 현재 하고 싶은 일에 충실해야 해. 그리고 그건 현재를 소진하라는 뜻만은 아니야. 내 말뜻은, 오히려 현재를 생산적인 방식으로 열심히 즐길 수 있는 사람이 미래에 대한 대비도 충실할 수 있을 거라는 말이지.

한 가지 예를 들어 볼게. 언젠가 다른 선생님들과 현실과 꿈이라는 주제로 이야기를 해본 적이 있어. 사람들은 결국 자신이 하고 싶은 일을 어떻게든 찾고 싶어 해. 그런데 그 일을 당장 하기에는 너무 멀리 와서, 혹은 너무 많은 시간과 비용을 투자해야 해서 못한다는 거였지. 사람들의 생각은 거의 비슷하구나 하고 또 한 번 느꼈는데, 결국 사람들은 하고 싶지 않지만 잘하는 일과, 하고 싶지만 잘하지 못하는 일 중에서 갈등하게 된다는 거야.

이 주제를 가지고 이야기하는 사람은 세상에 아주 많아. 꿈을 강조하는 경우에는 주로 자신이 하고 싶은 걸 하라고 이야기하지. 현실을 강조하는 입장에선 지금 하고 있는 바로 그 일을 잘해내야 다른 일도 잘할 수 있다고 이야기하고. 이에 대한 내 입장은 아직 완전히 정리되지는 않았는데, 그래도 역시 하고 싶은 일을 하며 사는 편이 낫다고 생각해.

과거 농경사회와 비교했을 때 현대사회의 좋은 점이 무엇일까? 아마도 좋아하는 일을 하며 살 수 있는 자유가 점차 확대되고 있다는 사실일 거야. 과거에는 직업의 귀천이 있고, 해야 할 역할이 정해져 있었지. 타고난 재능이 무엇이든, 주어진 범위 내에서 직업을 고르고 그 일을 열심히 하는 게 미덕이었던 세상도 분명 있었어. 군주는 군주답게, 신하는 신하답게, 백성은 백성답게 주어진 일만 하면 나라가 평안해진다는 게 유가의 정치사상이야. 하지만 현대사회는 그렇지 않아. 현대사회는 여전히 개천에서 용이 날 수 있는 시대이고, 학교 공부가 아니어도 성공하는 사람들이 나타나. 어쩌면 월급을 받는 사람이 아니라, 월급을 주는 사람이 될 수도 있겠지. 그 자신의 타고난 역량과 부지런함만 있다면 그 모든 게 가능하다는 말이야.

이런 사실을 모두가 알고 있는데도, 사람들은 왜 자발적으로 직장이라는 남의 울타리에 들어가려 할까? 불안하기 때문이야. 하고 싶은 것을 하면 먹고 살 수 없다는 그릇된 생각은, 우리가 과거보다 더 많은 기회를 가졌음에도 불구하고 그것을 모두 잊게 만들어. 사람들은 진정한 배움의 기회가 박탈되고, 얼마나 불필요한 것을 많이 외웠느냐는 사실이 서열을 정하는 사회, 그리고 진로에 대한 가능성을 결정하는 사회에서 살아. 게다가 자신을 어리게 만드는 사회 시스템에 대해서 의문을 제기하지도 않고. 현재의 삶, 현존에 대한 가르침보다 미래를 잘 살기 위해 현재를 희생시키는 삶을 당연하게 여기는 것은 올바르지 않아. 지금 현재 나를 위해 가장 좋은 것, 내가 하고 싶은 것을 선택하고, 그 선택을 지키기 위해 나머지를 기쁘게 포기하는 것, 그러한 삶의 방식과 가치를 설명하는 교사가 세상에 얼마나 될까? 지금 공부해야 더 좋은 대학에 갈 수 있다고 이야기하는 교사는 많지만, 그 대학에 왜 가야 하는지 설명할 수 있는 교사는 여전히 소수가 아니었나 싶어.

학생들에게 현존의 개념을 가르치려면, 교사들 역시 현존의 개념을 알아야 해. 불행히도 교사들은 그런 사람들은 아니지. 교사들 역시 힘든, 그리고 운이 포함된 경쟁시험을 통과해서 교단에 선 사람들이니까. 우리는 현재를 희생시켜 미래를 얻은 사람들이야. 그렇지만 우리가 그렇게 힘들게 살았으니, 너희들도 그래야 마땅하다는 설명이 진정한 가르침인지는 의심이 들어. 사람은 결국 행복하기 위해 노력하지. 그런데 세상의 모든 성공이 곧 행복을 의미하지는 않잖아.

그러니 우리는 행복의 개념을 처음부터 재점검해야 하는 건 아닐까? 한 번도 행복해본 적이 없는 사람이 행복에 대해 설명할 수 없듯이, 한 번도 지금만을 위해 살아본 적이 없는 사람은, 그게 무엇인지 설명할 수 없다는 뜻이야.

이제 예전 방식의 성공의 사다리는 치워졌어. 남은 것은 사다리가 놓여 있던 자리이고, 그 자리를 추억하는 사람들뿐이지. 그들은 성공의 신화를 학교 공부에서 좋은 성적을 받아 명문대에 진학하고, 좋은 회사에 들어가는 것으로 기억하는 세대야. 하지만 그들은 이해하지 못해. 지금 시대는 과거의 사다리를 찾는 것이 아니라, 그 사다리를 직접 만들어야 한다는 사실을 말이야. 그러니까 학교를 포함한 우리 사회는, 사다리를 만드는 법부터 가르쳐야 하는 거야. 그 사다리의 생김새나 길이는 모두 다르다 해도, 결국 자신을 위해 스스로 만든 사다리만이 만족감을 줄 수 있지.

그런데 이런 사다리는 어떻게 만들 수 있는 걸까? 하고 싶지 않은 일로 바쁜데, 이런 '나만의 사다리'를 만들 수 있긴 한 걸까? 그에 대해 구본형 작가는 이런 가르침을 줘. 처음부터 하루를 22시간으로 생각하고, 나를 위한 2시간을 따로 떼어놓으라고. 그리고 그 2시간은, 아무에게도 방해받지 않을 새벽일 때가 가장 좋다고 말이야. 나는 새벽에 글을 쓰진 않지만, 그건 내가 야간 자습 감독을 하기 때문이야.

거의 날마다 10시에 퇴근을 하다 보니, 그 시간에 공부를 하고 글을 쓰는 거지. 야간에 바쁘면 주말에 몰아서 쓰기도 해. 글이 안 써지는 날엔 억지로 쓰지 않고, 대신 책을 많이 봐. 책을 보다 보면 좋은 내용이 눈에 뜨이고, 거기에서 영감을 얻거든. 조바심 내지 않고 내가 하고 싶은 일을 하기 위해 노력하는 것, 때때로 빨리, 그리고 많이 하고 싶다는 욕심을 절제하는 것, 그 모든 게 나에게 도움이 돼.

나와 똑같이 야간 자습 감독을 하고, 밤 10시에 끝나는 다른 선생님들은 말이야, 늘 그렇게 일하는 데도 일이 줄지 않아. 그리고 항상 지쳐 있지. 그 모습을 보면서 여러 생각이 들어. 안타까움과 함께, 나 역시 한때 그렇게 살았었다는 사실이 떠오르고, 더 이상 그렇게 살지 않는 내 자신에 대해 안도감을 느끼기도 해. 때로 나는 여전히 무리한 요구를 받기도 하지만, 그래도 그런대로 나 자신을 잘 지켜가고 있다는 생각이 들거든. 세상 사람들이 공무원은, 혹은 교사는 이러저러해야 한다는 이야기에 주눅 들지 않고, 내가 생각하는 바람직한 삶을 잘 살아가고 있는 거니까. 그리고 그렇게 살기 때문에, 학생들에게도 바로 그렇게 살아야 한다고 이야기해줄 수 있는 게 아닐까. 내가 허덕이며 살면서 학생들에게 너희들은 행복해야 한다는 말은 앞뒤가 안 맞는 말이니까 말이야.

자신을 위해 할 수 있는 가장 좋은 것은, 스스로에게 위안을 주고 힘을 주는 거야. 그게 나처럼 글을 쓰는 일이든, 공부를 하는 일이든, 음악을 듣는 일이든, 혹은 무언가를 소비하는 일이든, 그 모든 것이 남에게 피해를 주는 게 아니라면, 자신을 위해 살아보면 어떨까? 나나 네가 학교 일만 하고 살지 않더라도, 여전히 세상은 생각보다 잘 돌아갈 거니까.

PART 2

외로움을 견디는 시간 동안

01

인생의 롤 모델을 찾지 말 것

살면서 정말 배우고 싶고, 닮고 싶은 사람을 만난다는 건 참 좋은 일이야. 선배 교사들 중에서도 당연히 그런 사람이 있을 수 있겠지. 하지만 난 그런 선생님을 만난다고 해도, 그 사람 자체에 도취되지는 말라고 이야기하고 싶어. 이유를 한 가지만 대자면, 네 인생은 결국 네가 사는 거니까.

어떠한 사람도 인생은 한 번만 살아. 그러니 남의 인생에 대해 이것이 옳다, 그르다 쉽게 이야기할 수는 없어. 오직 함부로 떠들기 좋아하는 사람들만이, 자신이 경험한 것만이 오직 전부인 것처럼 이야기하곤 해. 그리고 그런 사람들은 자신의 성공 경험에 대해 그럴듯하게 늘어놓기를 좋아하지. 그런 사람에게 빠져드는 것이야말로 위험한 건 아닐까. 특정한 어느 누군가에게 매번 빠져들 때마다 그 자신의 생각은 휩쓸려서 중심을 잃거든.

이건 학생들도 마찬가지야. 학생들이 매일 시간을 가장 많이 보내는 곳이 어디겠어? 당연히 학교야. 학교의 교사들은 예전만큼은 아니라 해도, 여전히 학생들에게 큰 영향을 끼쳐. 솔직히 말하자면 나 역시 몇몇 학생들에게 영향을 끼치고 있는 것은 사실이고, 나에 대해 궁금해 하는 학생들도 있어. 그 학생들은 내 사생활에 딱히 관심이 있어서라기보다, 어떻게 하면 저 선생님을 닮을 수 있는가를 생각하는 거지. 하지만 말이야, 그에 관한 질문을 받을 때마다 내가 해주는 말은, 네 인생은 네가 만들어 가야 한다는 거야.

사람은 타고난 성향이 모두 다르고, 같은 상황에서 문제 해결 방식도 모두 달라. 그런데도 내 생각만이 옳다고 주장하면, 그 사람은 더 이상 교사가 아니라 꼰대가 되어 버려. 교사로선 정말 조심해야 할 일이야. 더구나 우리가 학생이었을 때와 그 애들의 현재는 분명 다르잖아. 현실의 변화를 무시하고 우리가 운 좋게, 간혹 얻게 된 일부의 성과를 인생의 진리인 것처럼 학생들에게 가르치진 말자. 나는 교사가 학생에게 큰 영향을 끼치는 존재인 만큼, 그것만큼은 정말 조심해야 한다고 생각해.

우리는 학생들에게, 세상을 남과 더불어 잘 살아가기 위해 어떤 것을 하지 말아야 하는가에 대해서는 가르칠 수 있지만, 무엇을 해야만 한다, 그래야 성공할 수 있다 같은 말은 쉽게 할 수 없다고 봐. 나 또

한 그럴 때가 있었는데, 지금에 와서는 참 부끄러울 때가 있어. 그런 식의 자기계발서에 실려 있을 법한 이야기는 서점에 이미 넘쳐나잖아. 게다가 '이렇게만 하면 성공할 수 있다' 는 말은 행운이라는 요소를 무시한 말이기 때문에, 그 자체로 세상 앞에 겸손하지 못한 말이기도 해. 남 앞에서 비굴할 필요도 없지만, 적절한 운과 그에 맞는 행동이 결합된 결과에 대해 너무 과대평가할 필요도 없지 않을까 싶어. 그러니까 그런 것을 강조하는 사람이라면 특히나 더욱, 닮기 위해 애쓸 필요는 없을 것 같고.

세상을 잘 살아간다는 건, 결국 자기답게 살아간다는 말이기도 해. 반복해서 말하는 거지만, 네가 수많은 선배 교사를 만나고, 그중에서 닮고 싶은 사람이 있다고 해도, 그 사람의 모든 것을 닮으려고 애쓸 필요는 없어. 너는 그러지 않아도 충분히 훌륭한 존재니까. 상대방을 통해 네 능력의 부족한 면을 깨닫고 기술적인 부분을 채우려 애쓸 수는 있을지 몰라. 하지만 그렇더라도 결국 너는 너만의 방식을 스스로 만들어야 할 거야. 네가 가진 재능과 성격, 자질과 역량은 누굴 닮아서, 혹은 닮기 위해서 필요한 건 아니니까.

돌이켜 보면 말이야, 학교 현장에선 그간 수많은 수업 기법들이 나타났었어. 그리고 그때마다 많은 교사들이 그 수업 기법들을 가르치는 교사나 교수들에게 열광하곤 했지. 그리고 그 이후엔, 너도 짐작하리라 생각하지만, 오직 공허함만 남았지. 모든 건 갑작스럽게 나타났고, 그리고 나타날 때만큼이나 빠른 속도로 사라져버렸으니까. 그런데 왜 이런 일이 일어나는 걸까? 혹시 교실에서 발생하는 자기 문제를 자기가 해결하는 것이 아니라, 남의 해결책을 마냥 따라하려 했기 때문은 아닐까? 그리고 그걸 적용하려고 하는 순간, 내 옷이 아닌 남의 옷을 입은 것처럼 불편했던 거지.

교실 상황은 천차만별이야. 같은 학교, 같은 학년이라도 반마다 분위기는 모두 다르지. 수업의 이해도 역시 모두 다르고, 관심을 보이는 수업 방식도 죄다 다를 수 있어. 그런데도 어쩌면 우리는, 모두에게 일률적으로 똑같이 적용되는, 이것만 하면 된다는 식의 만병통치약을 원했던 건 아닐까. 그래서 생각하게 돼. 특정 수업 기법에 심취하는 일은 그것이 만병통치약인지, 아니면 극약인지도 모른 채 함부로 남용하려 했던 것은 아니었는가, 하고.

누가 그러더라. 위인전에 등장하는 위인들은 모범 사례가 아니라 예외 사례라고. 누구나 쉽게 그들처럼 살 수도 없는데, 우리는 끝도 없이 모두가 위대해지길 바라는 것 아니냐고 말이야. 확실히 그건 반성해볼 필요가 있는 것 같아. 좀 지나치게 나아간 이야기일 수도 있는데, 사실 민주주의 사회에서는 영웅이란 필요하지 않거든. 모두가 제한된 권력을 갖고, 모두가 동등한 가치를 인정받는 사회가 민주 사회라면, 사실 특별한 영웅 같은 건 도리어 해가 돼. 그런 사람들이야 말로 민주주의의 적이 될 가능성이 가장 높지 않을까? 위기가 닥쳤을 때 여러 사람이 의견을 모아 해결해가는 과정을 생략한다면, 그 자체로 민주주의는 필요 없어지니까. 그러니 민주주의라는 제도를 진정 신뢰한다면, 누군가에 열광하고 빠져드는 일은 결국 필요 없지 않을까 싶다는 거야. 그리고 영웅은 영화나 소설 속에서 주말에 느긋하게 찾으면 되는 거고.

하지만 이런 거창한 이야기까지도 필요 없어. 진실은, 남의 허락 따위 받지 않고, 내가 원하는 것을 찾아 하고, 그 과정에서 내가 선택했기에, 아무에게도 강요받지 않았기에, 기꺼이 노력할 수 있는 그런 자연스러운 삶이 좋다는 거야. 바로 그런 삶의 태도야말로 우리 모두가 추구할 만한 삶의 모습이라고 나는 믿어. 그렇게 생각한다면, 누군가에 대한 추종이라든가 혹은 삶의 롤 모델을 정하는 일이란, 정말로 의미가 없는 거지.

생각난 김에 한 가지 덧붙이자면 말이야, 이건 책을 읽을 때도 똑같이 적용 돼. 한 사람의 책만 열심히 읽다 보면 작가의 생각에 휩쓸려버리게 마련이거든. 하지만 그건 달이 한쪽 면만 있다고 생각하는 것과 같아. 달은 자전 주기와 공전 주기가 같아서, 우리는 항상 달의 한쪽 면만 보게 된대. 하지만 한쪽 면만 보인다고 달이 설마 그쪽 면만 있겠어? 그건 아닐 거잖아. 그리고 바로 그렇기 때문에, 우리는 공자의 『논어』와 마키아벨리의 『군주론』을 함께 읽어야 하는 것이고, 그 안에서 내가 어떤 성향의 사람인지를 진지하게 탐구해야 하는 거지. 예를 들어 선함을 1, 악함을 10으로 봤을 때 나는 어느 위치에 해당하는 사람인지, 스스로를 살펴보자는 거야. 매번 그 기준점이 동일하진 않더라도, 그 자체로 자신에 대한 반성이 가능해지지. 나의 존재에 대한 탐구는 처음부터 1이거나 10이라는 극단적 가정에선 출발할 수 없기 때문이야. 그리고 극단적 사고, 편협한 사고에 빠지지 않으려면 역시 사람도 책도, 두루두루 만나보고 읽어보는 편이 좋아. 그리고 바로 그런 점에서, 네 자신의 영웅은 오직 너뿐이어야 하는 거고.

02

뻔한 말은 누구나 한다

대입 면접이든 회사 면접이든, 면접관들이 가장 싫어하는 단어 중 하나가 '공감'과 '소통'이라고 해. 가장 싫어하는 사람이 박지성, 김연아, 반기문이라는 농담도 있고. 왜 이런 말을 싫어하는 걸까? 어쩌면 뻔하고 누구나 하는 이야기에는 그다지 좋은 인상을 받지 못하기 때문이 아닐까? 사실 곰곰이 생각해 보면, 누구나 당연한 말을 할 수 있는 건 아닐지도 몰라. 거기에는 이런 이유가 있어. 예를 들어 50대 교사가 30대 교사에게 "우리 소통 좀 하고 살자."라고 말한다면 이건 이상하지 않아. 하지만 30대 교사는 50대 교사에게 같은 말을 할 수 없지. 50대 교사에게 "우리 소통 좀 하고 삽시다."라고 말할 수 있는 30대 교사는 없거든. 결국 당연한 말이라는 건, 지위나 힘이 없으면 하기 어려운 말인 거지.

어쩌면 말이야, 너도 교무실에서는 목소리가 크면서, 관리자 앞에서는 한 마디도 못하는 그런 교사를 보게 될 수도 있어. 자기보다 어린 교사는 가르치려 들면서, 교장 선생님 앞에서는 자신의 주의주장을 한 마디도 못하는, 그런 매력 없는 교사 말이야. 물론 그분들이 처음부터 그랬을 거라고는 생각하지 않아. 어쩌면 그분들도 처음에 학교에 들어갔을 땐 그런 분위기에 저항감을 느꼈을지도 모르지. 하지만 정말로 가치 있는 행동은 내가 당한 것을 후배에게 물려주지 않는 것이 아닐까? 좀 비약해서 하는 말이긴 하지만 말이야, 난 학교란 50대 교사가 딴청피우고, 40대 교사가 귀머거리 흉내 내는 곳이 아닐까 싶을 때가 있어.

너도 알고 나도 아는 바지만, 수많은 사람들은 변절자가 돼. 그들은 처음에는 이상을 말하지만, 이내 자신의 말대로 살아가기 어렵다는 것을 깨닫게 되지. 그래서 자신의 행동을 변명하고, 정당화하기 시작하는 거야. 그래서 왜곡된 이야기를 하게 되고, 그 결과 다른 사람들에게 손가락질 받는 결과로 끝나. 사람 사는 세상은 어디나 비슷한 모양새지만, 그래도 그런 일을 눈앞에서 보는 것은 그다지 즐겁지는 않은 일이야.

나는 말이야, 그런 사람들이 정말로 일부였으면 좋겠다고 진심으로 생각해. 내가 여태껏 근무한 학교의 숫자가 너무 적어서, 내가 견문이 좁아서 그런 거라고 생각할 수 있으면 좋겠다고 생각하고. 하지만 동시에 말이야, 만약 그렇지는 않다고 해도 나는 너무 실망하지는 않으려고. 내가 살아가는 방식은 사람 속에 있으면서도 사람 사이에 들어가지 않는 방식으로, 자신을 지키며 살아가는 거야. 그러니까 굳이 지나치게 다가가서 상처받는 일은 줄일 수 있도록 조심해야 한다는 말이야. 물론 사람마다 성향이 다르니까 각자 자기 방식을 찾아야 하는 건 당연하지. 하지만 그렇더라도 너 역시 이 방식을 사용한다면, 너 자신을 지키는 데 도움이 되지 않나 싶어.

우리는 항상 원칙이 중요하다고 이야기하곤 해. 물론 그럴 수 있어. 내가 학교에 와서 놀란 건, 생각보다 엄격한 원칙주의자들이 정말 많더라는 거야. 그건 나이하고도 별 상관이 없어 보이더라고. 그런 사람들은 학교 안이든, 바깥이든 항상 쉽게 찾아볼 수 있지. 하지만 말이야, 나는 이런 생각을 해 봐. 그런 말을 하는 모든 이들이 최선을 다해서 원칙을 지키려고 하지는 않는 거 아니냐고. 내가 지키지 못하니까 남도 무조건 이해하고 넘어가자는 말은 아니야. 다만 사람들이 정말로 자신의 말과 행동을 일치시키려고 노력하며 사는지는 생각해 보고 싶다는 거야.

한 가지 예를 들어 볼게. 교무실에 있다 보면 말이야, 다른 선생님들이 학생들에게 화를 내는 장면을 종종 보게 돼. 다른 건 잘 모르겠는데, 사실 학생들이 교사에게 거짓말을 할 때 거의 모든 선생님이,

예외 없이 화를 내는 모습을 보곤 하지. 다른 선생님들이 학생에게 하는 이야기는 주로 이런 거야. 네가 어떻게 나한테 이럴 수 있냐고, 거짓말은 나쁜데 왜 하냐고. 물론 거짓말은 물론 나쁜 거야. 하지만 말이야, 교사와 학생의 힘이 대등할까? 대등한데도 학생이 교사에게 거짓말하는 걸까? 그렇지는 않을 거야. 사람은 누구나 자신을 보호하기 위해 노력하며 살아. 그러니까 거짓말을 하는 거지. 예를 들어 학생들은 선생님이 부교재로 문제집을 사오라고 하면 말이야, 교재비가 만 원이어도 부모님껜 만이천 원이라고 거짓말을 하고 2천 원을 챙겨. 하지만 그 애들이 아르바이트를 한다고 생각해 보자. 자기 돈으로 벌어서 자기 돈으로 문제집을 사는데, 부모님께 거짓말을 할 필요가 있을까? 만약 돈이 하나의 힘이고 아르바이트를 하는 학생들에게 그 힘이 충분하다면, 애초에 거짓말을 할 필요가 없겠지.

그래서 교무실에서 '거짓말을 했다는 이유'로 혼을 내는 선생님들을 보면, 나는 그런 생각을 해. 저 애들이 힘이 없어서 거짓말을 하고 있다는 걸 저 선생님들이 이해하고 계실까. 그래도 저렇게 애들에게 화를 내실까, 하고. 물론 나는 완전한 인간도 아니고, 완전한 교사도 아니야. 하지만 바로 그렇기에 다른 사람의 불완전성이 이해될 때가 있어. 대체로 자기 자신에게 관대한 사람이 남에게도 관대하기 쉬우니까. 적어도 '거짓말을 하지 말아야 한다'는 세상의 법칙에 대해서는 그런 것 같아.

좀 이상하게 들릴지 모르겠지만 말이야, 내가 우리 반 애들이 거짓 말을 해도 별로 화내지 않으니까, 우리 반 애들도 나에게 거짓말을 점점 안 하게 되더라고. 예를 들면, 야간 자습 시간에 학교를 땡땡이 친 애들은 처음에는 나에게 거짓말을 해. 그래도 내가 계속 캐물으면 결국 실토하게 되지. 대개의 이유는 PC방에 놀러갔다 오거나 친구 집에서 놀다 와. 그럼 나도 말해. 다음부턴 허락받고 다녀오라고. 가 끔은 봐준다고. 그러면 그 애들도 처음에는 정말 몇 차례 허락을 받 고 학교 밖으로 나가. 하지만 결국 나가지 않게 되더라고.

만약 내가 '거짓말은 나쁘니까 절대 하지 말아야 한다'고 이야기 하면 어떻게 될까? 그 애들은 더 교묘하게 거짓말을 하지 못한 자신 의 실수를 반성하게 될 거야. 거짓말을 한 행동 자체가 아니라 말이 야. 결국 내가 상대방과 내가 동등한 입장이라는 것을 알려줄 때 좋 지 않은 행동을 멈추게 되고, 그래서 나도 뻔한 말, 당연한 말을 하지 않아도 되더라고.

물론 내 방식이 절대적으로 옳다고 말하고 싶지는 않아. '바늘 도 둑이 소도둑 된다'고 말하는 교사도 있겠지. 다만 나는 지금의 바늘 도둑은 바늘 도둑일 뿐이라고 말하고 싶은 거야. 그 애를 예비 범죄 자, 장차 소도둑이 될 것이 확실한 사람으로 확정하고 싶지는 않아. 나는 이상주의자가 아니야. 하지만 바로 그렇기에 현실에서 발생한 문제만큼, 딱 그만큼에 대해서만 이야기하면 되는 것 아닐까? 내가 세상을 구할 것도 아니고, 학생들에게 위대한 스승으로 남고 싶다는 생각이 있는 것도 아니니까. 그리고 그렇게 적당히 나 자신을 비우고, 상대에게 무언가를 강요하지 않을 때, 그럴 때 좀 더 편안한 사이가 될 수 있더라고.

처음 학교생활을 하면 말이야, 여기가 교육 기관이니까 원칙대로 해야 한다고 말하는 사람들을 보게 될 수도 있어. 하지만 나는 네가 그러지는 않았으면 좋겠어. 그런 사람들이 그토록 많기 때문에, 학생들이 숨쉬기 힘들어 하는 거야. 너도 이상한 사명감에 빠져 괜히 스스로에 대한 엄격한 자아 검열을 하게 될 거고. 그러니 원칙을 이야기하는 대신, 학생들에게 이렇게 이야기해 봐. 거짓말은 나쁘니까 하지 말라는 말은 안 할 거라고. 대신 네가 거짓말을 굳이 하지 않아도 된다고 말하고 싶은 거라고. 그렇게 원칙을 이야기하는 사람 속에서, 우리는 좀 더 이해하고 용서하는 방식을 택해 보면 어떨까?

03

나를 위해 사는 즐거움

교사인 '나' 가 아니라, 인간인 '나' 로서 할 수 있는 가장 좋은 것이 뭘까? 내가 이런 질문을 하는 이유는, 우리는 규정된 무엇이 아니라, 그냥 인간으로서의 나를 대면하는 경우가 거의 없기 때문이야. 하지만 인간으로서의 나를 마주할 수 있게 되면, 그래서 자신의 생각이 뭔지, 자신이 갖고 있는 욕망이 뭔지를 좀 더 정확히 이해할 수 있다면, 더 행복하게 살 수 있지 않을까?

내가 할 수 있는 가장 좋은 것이라는 건, 결국 나를 가장 행복하게 만들어주는 것이지. 심지어 그건 어떤 사람에겐 돈일 수 있어. 꼭 그런 사람을 비난할 필요는 없다고 생각해. 사람마다 추구하는 가치가 다른 거니까. 예를 들면 성실히 살고, 남에게 큰 피해 주지도 않으면서, 쌓여가는 돈을 바라보며 기뻐하는 사람도 세상에는 있어. 그런 사람을 보고 지레짐작해서 '돈 밖에 모르는 저 사람은 틀림없이 불행할 거야 라고 단정 지을 필요가 있을까?

또 어떤 사람에게는 중요한 것이 가족이나 친구일 수 있겠고, 여행과 같은 취미생활이 될 수도 있겠지. 영화를 매주 한 편씩 보는 사람도 있을 수 있어. 그게 무엇이든, 각자 자신이 소중하다고 생각하는 것들을 생각하며 살아가지. 그리고 그런 삶을 살아가면서, 자신의 '살아간다'의 의미를 깨닫게 되는 거야. 내 삶을 살아가는 의미가 무엇인지 안다면, 삶의 다른 부분을 양보하더라도 그것만은 절대 양보하지 않게 될 거야. 그리고 그 편이 올바르다고 생각할 테고 말이야. 그런데 아쉽게도, 사람들은 '저녁이 있는 삶'을 이야기하면서도, 공무원들은 그런 삶을 살면 안 된다고 생각하는 게 아닌가 싶어. 사람을 사람이 아니라, '공무원'으로 보기 때문이겠지. 실제로 그런 분위기 때문에, 속으로는 끙끙 앓으면서도 자기희생을 하는 사람들을 봐. 실제 선공후사(先公後私)의 개념을 내세우고, 그걸 자랑스러워하는 사람도 있고.

하지만 말이야, 자신을 행복하게 해줄 수 없는 사람이 남을 행복하게 할 수 있을까? 한 번도 행복해 본 적이 없는 사람이 남에게 행복이 무엇인지 설명할 수 있을까? 자신이 언제 행복한지도 모르는, 그래서 자기 자신이 어떤 존재인지도 모르는 사람이 남을 이해할 수 있을까? 잊지 말아야 해. 너는 공무원이거나 교사 이전에 '인간'이라는 걸 말이야. 열심히 일한다는 칭찬을 다소 덜 받더라도, 더 느긋하고 여유로워지는 편이 차라리 나아. 잠도 푹 자야 하고. 그래야 학생들에게도 더 너그러워질 수 있거든. 너부터 신경이 예민하고 바늘 끝처럼 날카롭다면, 학생에게 관대하긴 어렵지 않을까?

항상 책임이라는 건, 온전히 자기 자신이 지는 거야. 그러니 선택은 네가 해야 하는 거고. 사실 가끔이라고 하기엔 너무 자주, 우리는 선택권도 없으면서 책임만 강요받는 상황을 겪게 돼. 내가 결정하지 않은 것들에 대해 지위와 책임이 주어지고, 상사의 그날그날의 기분에 따라서 무언가를 해야 하는 상황이 반복될 수도 있지. 그런 삶에 짓눌리지 않으려면, 항상 자신에게 관대해야 해. '일을 잘한다' 보다 '여유롭다' 는 평을 듣는 편이 나은 까닭은 그 때문이야. 그리고 내가 늘 하는 말이지만, 남에게 책임과 원칙을 강조하는 사람치고, 실제 그 자신이 그렇게 사는 경우는 잘 없더라고.

묻고 싶어. 너 자신을 행복하게 하기 위해 과연 어떤 노력을 하고 있느냐고. 미래의 너 자신의 행복을 이야기하는 게 아니야. 당장의 행복을 위해, '살아 있다' 는 느낌을 받기 위해 하고 있는 것이 어떤 것이 있느냐는 거야. 우리는 낮 동안 일하고, 그 대가로 사료를 먹고, 밤에는 잠을 자는 가축이 아니야. 그런데도 우리나라에선 '사람답게' 라는 말을 꺼내면 무슨 이상한 취급을 받아. 그런 세상이 와야 한다는 말을 꺼낼 때마다 흔히 듣는 표현이 시기상조(時機尙早)라는 말인데, 이 말의 진짜 뜻은 이런 거지. '네 말이 옳지만 동의하기는 싫어'

나는 수도 없이 많은 것을 고려해야 하는 관리자가 아니야. 그 사실이 참 행복하더라고. 많은 선생님을 책임지고, 그 사실이 부담스러우니까 감시하는 그런 관리자가 될 가능성이 제로니까. 특별한 일이 없다면, 교직 4년 차에 교사들은 1정 연수에 참여하게 돼. 그리고 거기서 매겨진 점수는 승진에 대단히 중요하지. 그런데 내 1정 연수 점수는 거의 최악이거든. 연수 기간 내내 하고 싶은 공부만 하고, 글을 쓰고 있었으니까. 그거야 어쨌든 결과를 받아들이는 데 저항감이 없다면, 그건 그걸로 된 게 아닐까 싶어. 내가 승진하기 위해서 많은 일을 해내야 하고, 그러기 위해 주변의 다른 선생님들을 힘들게 하지 않아도 되어서, 난 참 다행이라고 생각해.

하지만 진짜 다행이라고 생각하는 이유는 말이야, 스스로를 학대하는 교육청 장학사 생활을 하지 않아도 되어서만은 아니야. '무언가를 하지 않아도 되어서'와 별개로 '내가 하고 싶고, 할 수 있는 것을 찾아서'라는 이유도 있어. 나에게는 그게 글을 쓰는 일이야. 그리고 운 좋게도 내 책은 감사하게도 청소년 분야 베스트셀러 목록에 이름을 올렸지. 물론 나는 책을 쓰고서 인세를 받아. 그리고 인세는 내가 좀 더 세상을 편하게 살게 도와 줘. 하지만 책쓰기가 진짜 도움이 되는 건, 내 책을 사주고 내 생각에 공감해주는 사람들이 수없이 많다는 걸 확인할 수 있었기 때문이야. 독자들이 있기에, 그분들이 내 생각에 공감해주고 있기에 그 자체로 큰 힘이 되거든.

나는 항상 글을 쓰진 않지만, 그래도 되도록 글을 쓰려고 해. 나보다 힘을 가진 사람도 간섭하지 못하는 유일한 것이 글쓰기니까. 글을 쓰는 과정은 내 생각을 풀어내고 표현하는 일이야. 사람은 생각이 쌓이면 그걸 정리해서 풀어내는 과정이 필요해. 누구나 속에 담긴 말을 꺼내야 마음이 편한 법이거든. 그런데 그 자기 이야기를 한다는 게, 사람 사이의 권력 관계가 동등하지 않기 때문에 사실 어려워. 그리고 섣불리 말했다가 공격을 받는 경우도 많고. 그러지 않으려면 내 주변 사람들이 알 수 없게 내 이야기를 하면 되겠지? 내가 글을 쓰는 이유는 그 때문이야. 어차피 나에게 이러쿵저러쿵 말하는 사람들이 내 책을 읽을 것 같지는 않거든. 사실 사람들은 말이야, 생각보다 책을 안 읽더라고(그런 사람들이 책을 읽지 않는 건 나로서는 참 다행이지).

나는 말이야, 네가 학교 일에 매몰돼서 문득 '내가 지금 뭘 하고 있는 거지?' 같은 생각은 하지 않았으면 좋겠어. 너를 행복하게 해줄 수 있는 걸 꼭 찾았으면 좋겠고. 초임 교사 때의 열정이라는 거, 계속 간직하기 어려워. 게다가 열정만으로 모든 걸 해결할 수도 없고. 그러다가 좌절 몇 번 겪으면 매너리즘에 빠지고, 교사가 아니라 그냥 직장인 되는 거야. 그런 삶을 살고 싶지 않다면, 더더욱 너를 행복하게 만드는 것들을 알아야 해. 안타깝지만 앞으로도 널 힘들게 할 사람은 많을 거야. 그런데 굳이 너까지 너 자신을 몰아세워야 할까? 그러지는 않았으면 좋겠어.

참고로 광고 중에 그런 광고가 있어. 아침 일찍 출근하는 아빠를 향해서, 아이가 해맑게 웃으면서 이렇게 인사를 하는 거야. "아빠, 또 놀러오세요."

참 웃기고도 어이없지만, 그러면서도 한편으로 서글픈 생각이 드는 이유는 뭘까? 우리 사회가 삶의 균형이라는 걸 무시하는 횡포를 마구 부리고 있기 때문은 아닐까? 그런 사람들과 논쟁을 벌이지 말고, 그냥 네가 할 수 있는 만큼, 그리고 본질적으로 더 중요한 일을 하면서 하루하루를 보내면 돼. 교육청에서 수시로 요구하는 쓸 데 없는 공문, 혹은 몇몇 국회의원들이 우리나라 교육 발전과는 별 상관도 없어 보이는 자료 요청을 하면, 넌 그냥 느긋하게 처리하면 돼. 넌 교사고, 본질적으로 가장 중요한 건 수업이니까. 정신없이 별 필요도 없는 일들을 하면서, 나는 지금 뭘 하고 있는 거냐고, 내가 이런 일을 하러 학교에 온 거냐고, 괜히 심각해질 필요 없어. 그냥 네가 가장 하고 싶고, 해야 마땅한 일을 하면서 살면 돼. 삶에 네 감정과 기운을 함부로 낭비하지 마. 갈등하고 고민하는 그 시간에, 그냥 네가 하고 싶은 일을 해 봐. 그게 아무리 사소한 거라고 해도 말이야. 그런 교사가 많아질수록, 학교도 더 사람 사는 곳 같아질 테니까.

하지만 그럼에도 불구하고, 너에게 수많은 행정 업무를 요청하는 사람들을 거절하기 어렵다면, 꼭 한 번 생각해 봤으면 좋겠어. 과연 나는 나를 위해서 그만한 배려와 존중을 하고 살고 있는가, 하고 말이야.

04

술자리 대신 책상 앞을 선택할 때

잦은 술자리는 언제나 사람을 무디게 만든다는 게 내 생각이야. 사람의 감각을 마비시키고, 몸을 병들게 하고, 남으로 하여금 그 자신을 쉽게 보게 하지. 만약 그런 자리에 계속 가야 한다면 말이야, 나는 그런 학교는 최대한 피하라고 이야기하고 싶어. 지금 그 학교의 분위기가 좋든 나쁘든, 근무 여건이 편하든 그렇지 않든 말이야.

혼자 있는 시간 동안 뭘 하는 편이 좋은지 잘 모르겠다고, 너는 말했었지. 하지만 말이야, 본래 자유란 자신이 선택하고 책임지는 거야. 자기 삶의 시간을 어떻게 쓸 것인가는 오직 그 자신만이 결정할 수 있는 문제지. 때로는 필요하다면 충분히 노는 것도 도움이 돼. 사람이란 본래 의미를 추구하는 존재야. 그러니 네가 충분히 쉬고 놀게 되면, 무언가 생산적인 일을 하고 싶다는 생각이 저절로 들게 될 거야. 그렇다면 지금 하고 있는, 때때로 지겨운 일조차 즐거운 일로 바뀔 수도 있겠지.

하지만 이건 어디까지나 혼자 사는 삶이 반복되고, 그래서 자기 스스로 무언가를 선택할 수 있을 때 해당하는 이야기야. 늘 남이 부르는 술자리에 못 이긴 척 끌려가는 사람에게는 일어나기 어려운 일이지. 다시 말해 남과 어울려 살아가는 시간만 많고, 그렇게 어울리느라 돈을 쓰는 생활이 반복되고, 자신을 위해서 좋은 일은 하나도 해주지 않는 사람에게는 해당될 수 없다는 말이야. 사실 그런 사람의 특징은 외로움을 견디지 못한다는 데 있어. 하지만 감히 단언하건대, 사람이 성장할 수 있는 시간이란, 곧 외로움을 견딜 수 있는 시간을 의미하는 거야. 그 시간이 길면 길수록, 사람은 더 크게 성장하게 되거든.

남다른 삶을 산다는 건, 결국 남과 다른 삶을 사는 날들이 반복이 되어야 하는 게 아닐까? 가령 5시 이후의 시간 중 네가 저녁을 먹고 쉬는 시간을 1시간이라고 계산해 보자. 그리고 10시에는 잠자리에 든다고 생각하고. 그럼 너에게 주어진 자유시간은 저녁 6시부터 10시까지 하루 4시간이야. 나이가 적을수록, 이 시간의 가치가 빛을 발한다고 말하고 싶어. 젊을 때일수록 가진 것은 부족하지. 실력도, 명성도, 재산도 모두 부족하지만, 남과 동등하게 가진 것은 오직 시간뿐이야.

학생 때의 공부는 타율에 의한 공부야. 하지만 어른이 되고 나서의 공부는 자율에 의한 거야. 살아남기 위해 하는 공부 아니냐고 묻고 싶을지도 모르겠지만, 설령 그렇다고 해도 그 상황에서 어떤 것을 공부할지 결정하고 행동하는 것은 그 자신의 결정이지. 나는 나이가 어린 학생도, 나이가 많은 학생도 가르쳐봤지만, 대체로 나이 많은 학생들일수록 공부에 대한 열의가 높았어. 그 이유는 단 하나, 그들이 자신이 하고자 하는 공부를 선택할 수 있었기 때문이었겠지.

내가 있던 첫 학교에서, 나는 환경이 나에게 너그럽지 않았음을 고백하고 싶어. 사실 전문계 고등학교에서의 생활이라는 게, 일단 퇴근이 빨라. 그리고 할 수 있는 일이 매우 많지. 하지만 거기서 가장 즐겁고 좋았던 건 내가 원해서 하는 수업이었어. 특히 정규 수업 시간이 아니라, 보충수업을 하고, 날마다 10시까지 했던 수업이야말로 가장 행복한 일이었고. 그 수업은 온전히 내가 하고 싶은 것들을 모조리 시도해볼 수 있는 시간이었거든. 거의 매일 같이 힘들었지만, 그럼에도 불구하고 행복이 보장되는 고됨이었지. 그럼 나는 왜 그 시절이 나에게 너그럽지 않았다고 생각하는 걸까? 학생을 가르치는 일을 실적으로 생각하고, 내가 하는 일에 끊임없이 끼어드는 몇몇 사람들이 있었기 때문이야. 거기서 하고 싶은 거의 모든 일을 다 해본 터라, 나는 미련 없이 거기에서 빠져나올 수 있었지.

하지만 말이야, 그게 내가 거길 떠난 이유의 전부는 아니야. 정말 나를 힘들게 했던 건, 끊임없이 술자리로 나를 부르는 다른 교사들이었어. 나는 학교에서 그토록 교사들이 술을 많이 먹을 거라고는 솔직히 생각해본 적이 없어. 혹시 너도 고대 로마인들이 배가 부르면, 토하는 약을 먹고 다시 식사를 했다는 이야기를 들어본 적이 있는지 모르겠어. 내가 있던 학교가 딱 그랬어. 젊은 교사들이 토할 때까지 술을 마시고, 그 다음날이면 어김없이 술을 먹더라고. 도대체 그게 무슨 의미가 있는지 전혀 이해하지 못했어. 나는 그 자리에 끼지 않음으로써 그런 문화에 대한 불편함을 표현했고, 끊임없이 나에게 '사회생활'이 뭔지 가르쳐 주고 싶어 하는 사람들을 피해 다녔지. 하지만 얻은 게 전혀 없는 것도 아니었어. 그 불편함을 감수한 대가로 혼자만의 시간을 가졌고, 그 시간 동안 원하는 수업을 할 수 있었으니까.

첫 해 1년을 정신없이 보내고 나서 내가 결심했던 건, 반드시 2년 안에 실력을 충분히 쌓겠다는 거였어. 남에게 일일이 '나는 이런 사람입니다'라고 설명하지 않아도 될, 그럴 듯한 뭔가가 필요했거든. 사실 지금 생각하면 참으로 바보 같은 목표였다고 생각해. 충분한 실력이라는 것이 도대체 어느 정도인지 알 수도 없고, 2년 안에 어떤 방향으로 실력을 쌓겠다는 계획도 없었거든. 하지만 아무것도 정해진 것이 없었기 때문에 닥치는 대로 해볼 수 있었던 걸 거야. 그때의 2년 아니었다면, 나는 1년에 한 권씩 책을 내겠다는 결심은 하지 못했을 거고. 사실 글을 쓴다는 건 생각보다 많은 즐거움을 가져다주는데, 이거야말로 내가 평생 해야 할 일이라고 확신하고 있지. 내 인생의 남은 시간이 얼마가 되든, 2년을 투자해서 평생 할 수 있는 일을 찾아낸 것은 퍽 감사할 만한 행운이라고 생각하거든.

네가 가는 앞길이 어떤 식으로 열릴지, 나는 당연히 알지 못해. 어쩌면 나와는 다르게 관리자로 승진하는 길을 택할 수도 있고, 나처럼 글을 쓸 수도 있고, 혹은 문제집을 만들 수도 있고, 그 덕분에 연수 강사로 활동할 수도 있겠지. 어쩌면 평가원에 출제 위원으로 들어갈지도 모르고 말이야. 하지만 그 모든 길은 그냥 주어지는 법이 없어. 어떤 것이든 평범함 이상의 노력을 요구하는 일이니까. 하지만 다행인 건, 네가 어떤 노력을 하든, 그 노력의 방향은 네가 정할 수 있다는 거야.

나의 경우 글을 쓰면 쓸수록 느끼게 되는 건, 자유로움은 육체보다 정신이 속박에서 벗어나는 것과 관련된다는 거야. 내가 술자리를 택하는 대신 책상 앞에서 글을 쓰고, 그래서 하고 싶은 이야기를 솔직하게 써낼 때마다, 나는 현실에서 나에게 가해지는 온갖 제약에서 벗어날 수 있게 돼. 학교장은 나에게 해야 할 것과 하지 말 것을 명령할 수 있고, 내가 하고 싶은 것들에 대해 모조리 제약을 가할 수 있지. 실제 나는 그런 경우를 종종 겪곤 해. 하지만 그럼에도 불구하고, 세상의 어느 누구도 나에게 절대로 하지 말라고 할 수 없는 것이 하나 있다면, 그건 바로 글을 쓰는 일이야. 그런 의미에서 내가 글을 쓰는 건, 틀림없이 세상에 대한 반항이기도 할 거야.

고백하건대 책상 앞은, 세상에서 가장 자유로운 공간이야. 그 공간은 무한한 상상력을 발휘하고, 내가 하고 싶은 이야기를 얼마든지 펼칠 수 있으니까. 사람 사이의 따뜻한 이야기를 쓰는 시간이든, 절치부심(切齒腐心)하며 실력을 갈고 닦기 위해 공부하는 시간이든, 어느 것이든 좋아. 실력을 통해 네가 힘을 얻게 된다면, 너는 네가 원하는 방식으로 살 수 있는 날이 점차 가까워질 거야.

네가 유일하게 힘든 거라면, 최초의 성과를 낼 때까지, 사람들은 너를 가만히 두려 하지 않을 거라는 점이야. 하지만 동시에 좋은 건, 네가 나이를 먹을수록 너에게 충고해주려는 사람은 줄어들 거라는 점이기도 해. 절대 평범함이라고 가장된, 썩어버린 생활 속에 스스로를 던지지는 말아야 해. 그 순간, 너는 비겁해지고 정말로 아무것도 아닌 존재가 될 테니까. 나는 네가 어디서든 항상 눈이 부신 존재가 될 수 있기를 바라고 있어. 그리고 그 결과는 네가 네 자신을 위해 애쓰는 만큼 확정적인 결과일 거고.

05

오직 변화하는 교사만이 살아남는다

1) 학교는 왜 변하지 않는가

사람들은 욕망이라는 말을 싫어하지. 욕망이란 단어를 마주하면 모욕이나 당한 것처럼 굴고. 그것이 타락한 말처럼 느껴져서, 그 말을 들으면 진저리를 치게 되는 건지도 몰라. 하지만 욕망이란 단어만큼 솔직한 단어가 또 있을까? 사실 그 말처럼 인간 내면을 그대로 드러내는 말도 없어. 실제 욕망이 없는 인간이란 거의 존재하기도 어렵고. 구본형 작가의 표현은 그래서 정확한 걸 거야. 그분은 욕망은 언제나 가장 강력한 모티베이션이라는 표현을 하신 적이 있거든. 나 역시 욕망이라는 단어가 가진 모티베이션을 사랑하고 말이야. 그 단어는, 때때로 나태해지는 나를 앞으로 나아가게 만들거든.

사실 우리는 절제하는 삶이 아름답다고 배워왔어. 동양에선 오랫 동안 유가의 가치관이 사람들을 지배해 왔고, 서양에선 기독교도적 사상이 그들을 지배해 왔지. 절대자를 제외한 그 누구도 자신의 것 이상을 탐내서는 안 되었고, 모두가 그걸 당연하게 여겼던 게 근대 이전의 삶의 모습이야. 하지만 이런 삶에서 나타나는 문제는 결코 간단하지 않아. 왜냐하면 인간이란 애초 절제하기에 적합하지 않은 존재니까 말이야. 교육과 신앙과 철학이 존재한다 해도, 절제란 늘 어려워.

자신의 욕망을 따라가는 동안, 사람들은 익숙한 것들에 머무는 삶이 얼마나 갑갑한 것인지 알게 되어 버리지. 그래서 매달 고정된 월급, 편하진 않지만 충분히 예측 가능한 직장 생활이 만족스럽지 않은 걸 거야. 첫 직장에 들어가기까지 필요한 시간이 늘어나고, 자리 잡은 직장에서 버틸 수 있는 시간은 갈수록 줄고 있는데도 말이야. 직장 밖은 지옥이라고 떠드는 사람조차, 직장 안의 생활에 딱히 만족하며 사는 것 같지도 않아. 밖이 지옥인지 알면서도 1년을 못 채우고 회사 밖으로 나가는 직장인도 허다하잖아. 아니, 실습 나간 전문계 고등학생들은 빠르면 한 달 만에 학교로 돌아오는 형편이야.

그러면 공무원 조직은 어떨까? 사회는 공무원 조직의 개편을 강렬하게 원하지. 조직의 안정성, 거기에서 비롯되는 사회적 안전망의 구축이란 일반 국민에겐 관심 밖의 이야기거든. 첫째로 그게 사회 전체의 이익으로 확대된다고 확신하지 못하기 때문이고, 둘째로는 복잡하고 눈에 보이지 않는 시스템보다, 눈에 보이는 명확한 대상을 증오하기가 훨씬 쉽기 때문일 거야. 나의 어려움은 부패한 공무원들이 너무 많은 세금을 축내기 때문이고, 그들이 고통스럽고 힘들어야 하는 것은 그들에게 월급을 주는 내 입장(국민)에선 극히 당연한 것이지. 노동이란 원래 힘든 것이고, 돈 버는 일이란 결코 쉬워서는 안 되는 거니까. 그래서 공무원들이 하는 그 어떤 말도 공무원의 자리보전을 위한 변명거리에 지나지 않게 돼. 많은 사람들이 공무원이 되고 싶어 하면서도, 공무원을 욕하는 이러한 이중적인 현상은 분명 모순이지만, 바로 그 모순을 가리기 위해서라도, 사람들은 더 강력한 구조 개혁을 외칠 수밖에 없는 거야.

이런 분위기에서 살아남는 법이란 어차피 둘 중 하나야. 모든 비판과 비난을 무시한 채 귀를 틀어막고 사는 것이 첫째이고, 스스로의 성과를 입증하는 인재가 되는 것이 둘째지. 첫 번째 방식은 비난받지만, 두 번째 방식은 칭찬을 받아. 개인적인 힘의 우위에 관해서는 논할 필요도 없지. 남들이 필요로 하는 사람일수록 몸값이 오르는 것은 당연하니까. 조직 내에서도 첫 번째 부류는 청산의 대상이지만, 두 번째 부류는 환영의 대상이겠고. 왜냐하면 사람은 언제나 내가 갖지 못한 것을 탐내는 버릇이 있거든. 항상 실력이 있어서 여유롭고, 언제든지 조직에서 벗어날 수 있을 것 같은 사람은 웬일인지 더욱 붙잡고 싶은 것이 인간 심리야.

생각해 보면 말이야, 이런 힘 있는 존재가 되기 위해 필요한 것에는 몇 가지 조건이 있어. 첫째, 지식을 갈구하는 욕망. 학교의 교사란, 아주 냉혹하게 말하자면 팔과 다리가 없어도 살 수 있는 존재야. 우리나라는 아니지만 일본에서 『오체불만족』의 작가로 유명한 오토다케 히로타다가 그 좋은 예지. 모든 전문직업인에게 필요한 것은 결국 두뇌와 성대와 심장이고, 이는 교사라고 해서 예외가 될 수 없어. 더 많은 지식을 빠르게 흡수하고, 그것을 재구성해내는 능력은 시대가 갈수록 점점 더 중요해질 거야. 학교라고 4차 산업의 물결에서 비껴갈 수는 없으니까.

자, 그럼 지식을 갈구하면 그 다음에 나타나는 현상은 뭘까? 그건 변화에 대한 추구야. 끊임없이 공부하는 동안 더 나은 개선 방안과 사례를 책에서, 인터넷에서, 직무 연수에서 지속적으로 접하게 되기 때문이지. 그 과정에서 현재 자신의 상태에 불만족한 사람은 현실을 개선하기 위해 애쓰게 돼. 그리고 이런 사람이 늘어날수록 그가 속한 조직은 치열해지고, 앞으로 나아가는 힘이 생기는 거겠지.

그러나 네가 무엇을 얼마나 공부하든, 그걸로 모든 상황이 클리어되는 것은 아니야. 모든 조직에는 먼저 깃발을 꽂은 이들이 있거든.

그들은 모든 것을 선점하고 있는 기득권이고, 따라서 모든 의사결정은 그들의 손에 달려 있지. 그리고 한 번 기득권을 누린 세력은 성공경험이 있기 때문에 기존의 방식을 바꾸자는 제안에 강력히 반대해. 나의 성공에 대한 확신이 있는데, 굳이 현 상황을 왜 바꿔야 하는지 이해하지 못하거든. 설령 이해한다 해도 별로 달라지는 건 없어. 모든 것을 버리고 새로운 출발선에 선다는 건 누구에게나 두려운 일이니까. 왜 새로운 모험을, 위험을 굳이 내가 감수해야 하는지 생각하고 싶어 하지 않는다는 뜻이지.

또한 그 사람들에게 새로운 제안을 가져오는 자들은, 당연한 말이지만 성공경험이 없어. 그러니 신뢰할 수 없는 그들을 기득권은 결코 신용하지 않지. 그래서 새로운 이질분자인 조직 내 신참자들은, 미움받이 내지는 길들이기의 대상이 되는 거고. 거기다가 기득권은 힘이 있으니까 기득권인 거야. 그들 입장에선 힘을 사용해서라도 신참자의 기를 꺾어놓는 일은, 조직의 안정성을 위해 반드시 필요한 일인 거지.

어떠한 조직이든 보수적인 조직은 공통점이 있지 않을까 싶어. 그 공통점은, 책임자들이 항상 너무 많은 책임을 져야 한다는 거야. 그러니 새로운 시도를 하는 게 염려스러운 거지. 하지만 그런 사람들이 넘쳐나는 조직일수록 현재의 위치를 지키기는커녕 빠른 속도로 후퇴

하게만 될 뿐이야. 흥선대원군의 쇄국 정책이 올바르지 않다는 이야기는 누구나 하지만, 현실에서의 새로운 시도는 항상 시기상조라고 이야기되지.

모든 선임 교사가, 모든 관리자가 신참내기 교사에게 못되게 군다고 이야기하는 것은 아니야. 하지만 학교에서 승진을 통해 자기 몸값을 올리려는 교사가 존재하는 한, 그들은 다른 교사들을 괴롭히게 되는 경우가 많은 것은 부정할 수 없어. 원치 않는 연구학교 지정, 늘어나는 학교 사업, 쓸 데 없이 낭비되는 학교 예산, 수업인지 연극인지 알 수 없는 공개 수업은 그래서 자취를 감추는 법이 없지. 이 모든 게 몇몇의 사다리 게임을 위해 낭비되는 인적·물적 자원인 셈이야. 교육과 정치 사이에서 정치를 택하는 자들이 존재하는 한, 앞으로도 학교는 계속 그럴 것 같고.

2) 교사는 어떻게 저항하는가

이러한 문제의식은 학교에 잠시라도 몸 담아 본 사람이라면 대개 공감하는 것들일 거야. 문제는 그 다음이지. 그러한 현실에 저항하는 교사는 언제나 소수야. 굳이 말하자면 조직 내에서 저항하는 개인이나 세력은 언제나 한정된 숫자에 불과하더라. 내가 관찰한 바에 따르면, 저항의 방식은 대개 다음의 형태로 나타나.

첫째, 개인으로서 관리자나 상사와 대립하는 경우야. 하지만 조직 내에서 '미친 개'가 되기로 결심하는 게 어려운 일일 거라는 건 너도 예상할 수 있지? 게다가 이 방식의 위험한 점은, 조직 내에서 자신에게 물리고 싶지 않아 모두가 슬금슬금 피한다는 사실을 깨달은 이 미친개가, 어느새 새로운 권력자로 등극하는 아이러니를 볼 수 있다는 점이야. 쉽게 말해 교장 대신 광견(狂犬) 같은 교사가 새로운 권력을 획득한다는 말이지. 그리고 그 결과 그러한 미친 개가 있는 학교는 결국 권력의 정점만이 바뀌었을 뿐, 구조는 전혀 바뀌지 않음을 확인할 수 있어. 흔히 농담으로 쓰이는 말, '조직은 또라이에 의해 돌아간다'는 말은 그래서 진실인 셈이야.

둘째, 집단으로서 관리자나 상사와 대립하는 경우야. 학교 내에서 가장 강력한 힘을 발휘하는 조직은 누가 뭐래도 전교조겠지? 하지만 이들 역시 늘 성공하는 것은 아니야. 전략의 부재로 노회한 교장에게 당하는 경우도 부지기수거든. 학교장들이 종종 택하는 방법은 전교조와 직접 힘겨루기를 하는 것이 아니야. 물론 그런 경우도 있지만, 그건 어디까지나 영리하지 못한 교장에 한정 돼. 그럼 나머지는 어떤 방법을 택할까? 그들은 학부모와 지역 사회를 끌어들여.

가령 인문계 고등학교에서는 학생들의 성적 향상이 지상 최대의 과제야. 그래서 도덕성에 다소 문제가 있더라도 실력이 괜찮다고 평판이 난, 혹은 교육청에서 더 많은 예산을 끌어올 능력이 있는 교장에게 우호적인 경향이 있지. 사회 정의를 부르짖는 학부모들도, 제 자식의 인생이 걸린 문제 앞에서는 한없이 작아지는 경우가 있어. 그런 학부모는 학교장에겐 언제나 든든한 원군인 셈이고.

그럼 지역 사회는 어떨까? 자기 지역의 학교가 명문중학교이고 고등학교면, 일단 그 지역 집값부터 올라가. 이건 단순히 지역민으로서의 자부심 차원을 넘어서는 일이지. 이권이 걸린 문제가 되는 거니까. 실제 부동산 전문 투자자들은 전국 모의고사 성적을 학교 순위별로 매겨서 공유해. 성적은 곧 출세를 보장한다고 믿는 사람들에게, 좋은 학군은 그 자체로 돈 냄새가 나는 정보이고 기쁨이니까.

게다가 전교조의 조직은 매우 거대해서, 그 단체가 주장하는 주의주장, 정강이나 정책에 부합하는 조직 구성원만 있는 것도 아니야. 그러한 조직 내 이질분자들이 분탕질을 치게 되고, 그래서 내부의 갈등은 커져만 가는 거지. 물론 민주적인 조직은 기본적으로 시끄러운 것이 정상이긴 해. 하지만 그것이 더 나은 해결책을 모색하기 위함이 아니라 서로의 다름을 확인하는 데서 그칠 때, 조직의 동력과 단결력은 약화될 수밖에 없어. 전교조 역시 이 과정에서 많은 에너지가 낭비되고 있음을 나는 몇 차례나 봐왔어. 그런 모습에 실망한 후배 교사들은 전교조에 가입하길 주저하는 거고.

세 번째는, 싸움 자체를 회피하는 경우야. 이에 해당하는 이들은 첫 번째 방법처럼 미친개가 되어 자신의 밑바닥을 드러내고 싶지 않은 사람이고, 두 번째 방법의 거대 조직에 자신을 내맡기는 것도 썩 유쾌하지 않은 사람이지. 이들은 다시 두 부류로 나뉘는데, 하나는 '적당히 뭉개기'의 방법을 통해 학교에 그런대로 적응하며 사는 부류야. 이런 사람들에게 어울리는 표현은 아마 이런 게 아닐까? '부엌에서는 며느리 말이 옳고, 안방에서는 시어머니 말이 옳다'는 표현 같은 것 말이야.

또 하나는 조용히 실력을 키워, 자신의 존재 가치를 확인받는 부류지. 부조리한 현실에서 벗어나기 위해 당장 저항하기보다는, 충분히 맞설 수 있는 힘부터 기르는 것이 먼저라고 믿는 이들이 여기에 속해. 이들에겐 싸움으로 낭비되는 자신의 에너지가 매우 아깝게 느껴지지 않을까? 그러니까 그 에너지를 자기 자신에게 돌려 실력부터 키우려 노력할 테고. 이들에게 그 실력을 입증할 장소는 군이 학교가 아니어도 상관없어. 전문성을 발휘할 수 있는 영역이 자기 직장에만 있는 것은 아니니까. 다치더라도 싸운다는 생각은 이러한 유형의 머릿속에는 처음부터 존재하지 않지. 그리고 이들에게 어울리는 말은 아마도 '절치부심'이나 '와신상담'과 같은 말일 거야.

다만 이 방식은 다소 긴 시간을 필요로 해. 일단 개인의 질적 성장이란 쉽게 눈에 보이는 것이 아니지. 게다가 실력을 키우기 위해 노력한다고 해도, 인맥으로 더 빨리 출세하는 다른 교사들을 보면서도 쉽게 포기하거나 절망하지 않아야 해. 어느 누가 몇 살에 장학사가 되고, 교육과정평가원에 들어가 수능 문제를 출제한다는 이야기에도 좌절하면 안 된다는 말이야. 나는 적어도 자기 영역을 개척하는 시간 동안은, 확고하고 단호한 태도로 부정적인 생각에 빠지려는 자신에게 엄격해질 필요가 있다고 봐.

그림책을 전문적으로 가르칠 수 있는 교사, NEIS에 정통한 교사, 학습용 어플리케이션을 개발할 수 있는 교사, 인권과 노동, 환경의 가치를 쉽게 정리해 책으로 펴내는 교사는 학교와 학생에게 모두 필요한 교사야. 사회의 각 분야는 점차 세분화되고, 그만큼 더 많은 실력을 발휘할 기회가 있지. 스스로 전문가가 될 수 있는 분야가 무궁무진한데도, 뻔한 '회사 생활'에 만족하는 교사들을 아쉽지만 종종 보게 돼. 한 분야에 정통한 교사들은 그 자체로 전문가지. 하지만 전문성을 하나의 점으로만 머물게 하지 않고, 또 다른 전문성과 연결할 줄 아는 교사야말로 위대한 교사가 아닐까? 그럼 점과 점이 만나 선이 되고, 다시 선과 선이 만나 입체가 되게 만들 수 있는 교사의 힘의 근원은 도대체 뭘까? 다양한 분야를 섭렵한 사람만이 가질 수 있는 통찰력이 아닐까? 게다가 더 나아지고 싶다는 개인적 욕망은, 인류 전체의 가치의 총합을 늘리는 데 기여한다는 점이 중요해. 그런 전문적인 힘은 지식을 갈구하고, 긴 시간의 외로움을 견딜 수 있을 때에 길러지는 것이고.

자, 너무 길게 이야기해서 미안.
이제 간절한 마음으로, 나는 너에게 묻고 싶어.
네가 원하는 교사의 모습은 어떤 거니?

3) 학교는 어떻게 변화할 것인가

학교에 있다 보면 많은 과목의 질문을 받게 돼. 국어교사인 나에게 다른 과목의 질문을 던지는 학생들은, 그 내용을 설명해 달라고 하는 것이 아니야. 그보다는 말의 뜻을 물어보는 거지. 이게 의미하는 게 뭘까? 학생들의 기본적 독해 능력이 점차 떨어지고 있다는 뜻이야. 그리고 이런 현상이 갈수록 심해지고 있음을 현장에 있는 교사들은 체감하고 있고.

부모들은 모두 영어 학원과 수학 학원에 자기 자녀를 보내지만, 정작 그 수업을 이해할 능력이 있는지는 생각도 하지 않는 게 아닐까 싶을 때가 있어. 가장 시급히 필요한 것은 영어나 수학 능력이 아니야. 그보다는 언어적 이해 능력이지. 어떤 사람들은 한자 교육이 이뤄지지 않고 있어서 학생들의 독해력이 떨어지는 것이라고 주장하기도 해. 그들은 현재 학생들의 글을 읽는 능력이 전반적으로 얼마나 부족한지 모르고 있는 게 아닐까. 왜냐하면 한자 2천 자를 더 외운다고 이 능력이 생길지는 매우 의심스럽거든. 그보다는 전반적으로 독서 능력 향상을 위한 방법을 찾는 편이 옳을 거야.

너도 알겠지만 2017 수능에서부터 국어 과목은 매우 어려워졌어. 그간 쉬운 수능이 대세였는데 갑자기 어려워진 이유는 뭘까? 답은 하나야. 국가가 원하기 때문이지. 그리고 평가원은 그러한 요구를 담아내는 데 충실했던 거고. 그 증거로, 일단 수능 지문부터가 길어졌어. 그 전까지의 수능은 평균 4개 수준의 문단으로 구성된, 1,500자 내외의 지문 길이에 불과했거든. 하지만 이후 강화된 수능은 평균 6개 안팎의 지문, 2,000자 내외의 길이가 되었어. 이 당시에 학생들의 점수가 떨어진 이유는 두 가지야. 첫째, 일단 내용이 어려워졌고, 둘째, 뒤의 내용을 이해하는 동안 앞의 내용을 잊어버릴 만큼 지문이 길었거든.

그럼 국가는 왜 이런 변화를 원하는 걸까? 학생들의 독서 역량을 강화하고 싶기 때문이지. 2015개정 교육과정에서 독서란 대단한 의미를 지녀. 국어과목의 모든 단원은 독서와 연관이 되고, 독서 활동 능력을 신장하는 내용이 포함 돼. 게다가 현재 대입자료로서의 생활기록부의 중점 사항도 독서 영역이고. 상황이 이런데도 부모나 학생

모두 독서가 얼마나 중요한지 이해를 못하는 게 아닌가 싶어. 예를 들어 '한 학기에 한 권 책읽기' 프로그램은 그 명칭만으로도 학생들이 얼마나 책은 안 읽는지 여실히 보여 주지.

물론 학생이나 학부모만 염려하고 탓할 것은 아니야. 사실 그보다 더 걱정스러운 것은, 과연 이러한 교육을 담당할 교사가 충분히 준비되어 있느냐는 거지. 당연한 말이지만 교육을 하려면 그 분야의 전문가가 필요해. 현재 교사들은 과연 자기만의 독서법을 갖고 있을까? 자기 스스로 독서하는 법을 모르면서 독서를 강조하는 것은 올바르지 못해. 그냥 열심히 책만 읽는다고 독서 실력이 눈에 띄게 늘진 않을 거니까 말이야.

4차 산업시대에 많은 일자리가 사라질 것은 누구나 예상하는 바야. 단순 노동자의 일자리는 그것이 무엇이든 가장 먼저 사라지는 일자리고. 어느 전문가는 미래 인공지능 때문에 사라지는 일자리가 700만 개, 새로 나타나는 일자리가 200만 개 수준이고, 그래서 500만 개의 일자리가 사라질 것이라고 경고하는 형편이야. 그런 사회구조의 희생양을 길러내지 않으려면, 교사는 학생들에게 생각하는 능력 자체를 키워주기 위해 노력하는 것이 가장 큰 의무일 거야. 왜냐하면 그게 학생들이 장래 먹고 살 길을 열어주는 가장 확실한 방법이 될 테니까. 그래서 철학과 고전은 역설적이지만 실용주의 시대에 가장 먼저 가르쳐야 하는 과목이어야 한다고 생각해. 인간의 지적 능력 향상을 위해 꼭 필요한 분야니까. 수많은 인문고전독서가들이 책의 힘을 강조하는 까닭은, 그것이 인간의 두뇌를 강화하는 힘이 있다는 것을 경험으로 배웠기 때문이거든.

문제는 책을 읽는 것보다 스마트폰의 기사를 읽는 것이 더 쉽고 재미있다는 사실이야. 그래서 많은 이들이 책을 보는 것을 어려워하지. 당장 우리 세대만 해도, 학창시절 책 좀 봤다는 사람들조차 요새는 도통 책 읽는 게 어렵다고 하는 형편이거든. 왜냐하면 스마트폰을 하도 보다 보니, 글자를 '읽는' 게 아니라 '보는' 것에 익숙해져 버렸거든.

그거야 어쨌든, 사람들 간의 독서력의 격차는 점점 벌어질 가능성이 높아. 책을 보는 20%의 사람들이 세상의 부와 권력의 80%를 차지하는 현상은 앞으로도 더욱 가속화될 것이고, 부의 격차는 그만큼 더욱 확대되겠지. 하지만 그보다 심각한 것은 따로 있어. 4차 산업 시대에 패배한 사람들은 재기할 기회마저 잃어버릴 수 있다는 점이야. 지금도 한국은 사회안전망이 튼튼하다고 볼 수 없는데, 줄어드는 일자리 속에 낙오한 사람들을 정부가 모두 구제하기는 불가능하니까. 기계보다 나은 점을 증명하지 못한 사람들은 점차 소외되리라는 점은 특별할 것도 없는 전망이잖아.

그래서 원래의 이야기로 돌아가면, 학교는 학생들에게 생각하는 법부터 다시 가르쳐야 돼. 개인만의 확고한 독서법을 가진 교사는 그래서 학생들에게 꼭 필요하고. 수많은 책을 두루 읽는 방식, 한 권을 여러 번 읽는 방식, 한 권의 책을 베껴 쓰고 그 내용을 정리하는 방식, 주제별로 같은 분야의 책을 읽고 비교·분석하여 정리하는 방식, 그 어떤 것이라도 괜찮아. 교사는 이러한 방식의 독서법부터 먼저 배워 익혀야만 해. 그리고 학생들에게는 이러한 방법을 가르쳐, 스스로 문제를 해결해 나갈 능력을 키울 수 있도록 도와야 할 테고. 그런 점에서 문제해결력 신장이라는 건, 결국 자기주도학습 능력의 신장이라는 목표의 다른 말인 셈이지.

거기에 더해 학교는 수요자 중심의 교육을 실천하게 될 거야. 아직은 조심스럽지만 일부 수업은 무학년제로 이루어질 수도 있어. 또한 하나의 학교에서 모든 과정을 가르칠 수 없다면, 지역 내 학교끼리 하나의 그룹을 형성하게 될 수도 있고. 예를 들어 A학교에선 갑의 과정을 가르치고, B라는 학교에선 을의 과정을 가르친다고 해보자. 이때 A학교 학생이 을의 과정을 배우고 싶다면 얼마든지 B학교에서 배울 수 있고, 그 내용은 생활기록부에 차별 없이 기록될 수 있지. 굳이 다른 학교를 방문하지 않아도 좋아. 실험과 관련된 수업이 아니라면, 원격으로도 수업을 들을 수 있으니까. 결국 미래에는 정규수업과 지금의 방과 후 수업의 형태적 경계는 물론이고, 단위 학교라는 공간의 제약도 허물어지는 형태로 나타날 수 있다는 말이야. 그리고 이러한 현상은 학생 숫자가 갈수록 줄어들기 때문에 더욱 심화되지 않을까? 학교숫자가 줄면서 순회 교사가 늘어나는 것 못지않게, 학생들의 이동 수업 범위도 넓어질 수 있다는 말이야.

좋든 싫든 학교는 변할 거야. 다만 그 속도를 예측하기 어려울 뿐이지. 각종 변수는 학교의 변화 속도를 추정하기 어렵게 하지만, 그럼에도 불구하고 변한다는 사실만은 확정적이야. 이 변화의 파도를 잘 타고 넘어가는 교사가 되기 위해 가장 먼저 해야 할 것은 뭘까? 그건 학교의 분위기가 어떻든, 관리자의 마인드가 어떻든, 그리고 당장 새로운 수업 방식을 활용할 수 있든 없든, 그런 것을 무시하고 일단 배우고 연구하는 거야. 예측할 수 없었다면 그나마 변명할 수 있어. 하지만 그렇지 않다면 변명도 불가능하기 때문이지.

수천 년 전, 트로이의 카산드라 공주는 자국의 멸망을 예언했기에 많은 이들로부터 외면당했어. 그리고 그때 이후로, 인간의 현실이란 언제나 변한 것이 없지. 늘 앞서 준비하는 이들은 왜 조직의 질서를 어지럽히느냐며 백안시당해. 지금도 힘든데, 더 이상 무엇을 준비하라는 말이냐는 항의도 나오고. 하지만 그러한 분노나 짜증과는 별개로, 변화에 적응하는 존재만이 살아남는 것은 엄연한 현실이기도 해. 학교장이 옆 학교의 좋은 프로그램을 베껴와 우리 학교도 하자고 주장하면, 대개의 교사들은 반발해. 그건 당연한 거야. 왜냐하면 그건 내가 원한 것이 아니었고, 우리 학교의 실정에 맞지도 않고, 지금도 일은 충분히 많으니까.

하지만 변화는 피할 수 없어. 그렇다면 남이 강요하기 전에 내가 먼저 변화를 시도하는 편이 나을 거고. 그리고 남이 요구하는 것이 아니라 내가 원해서 할 때, 변화를 받아들이기가 더 쉬워. 학교장의 요구를 모두 들어주라는 말이 아니야. 남의 요구와 상관없이 변화는 나로부터 시작되어야 한다는 말이야. 결국 학교의 변화는 교사가 주도할 때 가장 혁신적일 수 있지 않을까? 그리고 그런 교사들이 모인 학교야말로, 우리가 지향해야 할 학교의 모습일 테고 말이야. 아, 물론 양쪽 모두에게 공평해야겠기에, 평교사의 입장에서 한 마디 덧붙이고 싶어. 평교사들 모두가 혁신을 싫어한다고는 생각하지 않아. 진짜 문제는, 앞서 말한 대로 일이 자꾸 늘어나는 현상이 싫은 거지. 그럼 답은 간단해. 새로운 일을 시작하기 전에, 기존에 있던 어떤 일을 하지 않을 것인지를 결정할 수 있어야 해. 다시 말해 '무엇을 할 것인가?' 이전에 '무엇을 하지 않을 것인가?' 를 결정할 수 있어야 한다는 거지. 학교 내 의사결정 과정에서 그 단계를 빼먹기 때문에, 교사들의 박탈감이나 분노가 생기는 게 아닐까?

당장 학교를 바꿀 수 없다면, 우리 스스로를 먼저 바꿔보는 건 어떨까? '올해는 무엇을 할 거야, 어떤 것도 배울 거야'라고 말하는 건 좋아. 하지만 그 전에 하지 말아야 할 것들, 오랜 기간 붙잡고 있는 목표였지만 사실상 별 관심이 없는 것들은 이제 해야 할 일 목록에서 지워보자. 그런 다음에야, 올해의 목표를 정하는 편이 좀 더 마음이 편할 거야.

06

자신의 진짜 이름을 찾아라

4차 산업 시대에 가장 먼저 사라지는 일자리는 회사원이 차지하는 자리라고 해. 회사에서 하는 업무는 단순 반복인 경우가 많은데, 그러다 보니 기계로 대체하는 게 쉽기 때문이라는 거지. 한 직장에서 단순 기술자가 되면 될수록, 회사에서는 얼마든지 대체 가능한 인력이 되기 때문에 그 자리에서 밀려날 수밖에 없다는 거야. 인공지능의 무서움은 자가 진화가 가능하다는 데 있어. 예를 들어 이세돌을 이겼던 알파고와 그 후속 버전인 알파고 제로가 바둑을 둔 적이 있어. 알파고 제로는 처음에는 바둑이 뭔지도 제대로 몰랐다고 해. 아주 기초적이 바둑 규칙만을 알려주었고, 사람의 도움은 전혀 없었거든. 그런데 알파고 제로가 알파고를 이길 때까지 학습한 시간은 과연 얼마였을까? 고작 40일이었대. 스스로 진화하는 능력을 가진 이 슈퍼컴퓨터는, 이제 인간이라는 조련사도 필요 없게 된 거야.

그럼 공무원은 어떨까? 공무원 역시 직장인이라는 점에서는 다른 직업군과 마찬가지야. 그러니 흔히 말하는 철밥통이라는 점에 안심해서는 안 된다는 이야기지. 내가 이런 이야기를 하면 "나는 그런 건 몰라요, 나는 그냥 편하게 살래요."라고 이야기하는 선생님들을 자주 보는데, 그러면 나도 그 이상 이야기하지 않고 슬쩍 화제를 돌려. 흔히 교육과 신앙은 기계가 대체하기 어려운 분야라고 해. 신앙은 모르겠지만, 교육 분야는 지금처럼 단순 문제풀이 수업 위주라면 프로그래밍 학습으로 대체해도 충분하지 않을까 싶어. 이런 생각이 드는 이유는, 학교에서 행하고 있는 많은 부분이 교육이란 이름으로 가장된 훈련에 불과하기 때문이야. 반복 훈련만큼 기계에게 쉬운 일은 없으니까.

매우 얇지만 많은 사람들에게 감동을 준 『누가 내 치즈를 옮겼을까』의 내용을 생각해 봐. 햄과 허는 누군가 자신들의 치즈를 옮겼음이 분명하다고 생각했고, 거기에 분노하느라 자신들의 시간을 모두 허비했지. 오직 새로운 치즈를 찾아 움직이는 사람만이 치즈를 얻는다는 건 우리 모두 알아. 적어도 머리로는 그렇지. 하지만 물리학에 나오는 관성이란 개념은 우리의 정신에서도 똑같이 작용하는 성질인가 봐. 이 정신적 관성은 나이를 먹을수록 더 커져가는 성질이 있는데, 그 관성을 이기려면 평소 부지런히, 생각을 이쪽에서 저쪽으로 옮기는 연습을 해야 돼.

정직하게 말해서, 나는 학교 교육 시스템이 과연 빠른 속도로 재편될 수 있겠느냐는 전망에 대해서는 그다지 긍정적이지 않아. 마키아벨리는 '쉽게 냉소적으로 변하는 것도 대중의 특징'이라고 이야기했다는데, 나 역시 대중의 수준을 벗어나지 못하는 건지도 모르지. 물론 나 역시 내가 할 수 있는 범위 내에서, 하고 싶은 일을 하기 위해 여전히 노력하는 것은 사실이지만, 그 일이 제대로 되지 않는다고 해서 거기에만 매달릴 순 없는 것이라고 생각하거든. 내가 햄이나 허가 될 수는 없으니까.

자, 이제 치즈가 없는 창고는 잊어버려. 지금이야말로 새로운 분야를 찾아 나설 때야. 이를 위해 구본형 작가의 『구본형의 신화 읽는 시간』의 오디세우스와 관련된 부분을 소개할게. 거기에 따르면 오디세우스는 폴리페모스(Polyphemos)라는 이름을 가진 키클롭스를 만나지. 그리고 이 거인은 오디세우스 일행을 자신의 동굴 속에 가두고 매일 두 명씩 잡아먹어. 물론 오디세우스는 자기가 잡아먹힐 때까지 기다릴 생각은 없었어. 대신 거인에게 포도주를 대접해서 그를 기분 좋게 취하게 만들지. 폴리페모스가 이름을 묻자, 오디세우스는 자신이 '아무것도 아니(Nobody)'라고 말했고, 거인은 기분이 좋아져서 오디세우스를 가장 나중에 잡아먹겠다고 선심을 써. 거인이 술에 취해 잠들자, 오디세우스는 미리 뾰족하게 다듬어두었던 몽둥이를 불에 달궈 거인의 눈을 찌르지. 폴리페모스가 비명을 지르며 몽둥이를 뽑아던지고, 주변의 거인들을 불러. 다른 거인들에게 '아무것도 아니'가 나를 죽이려고 한다고 외쳐보지만, 거인들은 그걸 '아무도 하지 않은 일'로 여기게 돼.

오디세우스는 배를 타고 탈출하면서 폴리페모스를 약 올려. 너를 눈멀게 한 자는 '도시의 파괴자 오디세우스'라고 말이야. 그리고 이 이름을 듣고 바다의 신 포세이돈에게 기도를 올려. 저 자가 편안히 집에 돌아가지는 못하게 막아달라고. 오디세우스가 오랜 기간 바다를 떠돌아야 했던 이유가 여기에서 비롯된다고 하지. 구본형 작가는 이 대목에서 이렇게 이야기해.

이름은 날 때 부모로부터 받는다. 인생을 시작하는 아이에 대한 부모의 축복만이 있을 뿐, 그 이름 속에는 아직 아무런 삶도 담겨 있지 않다. 텅 빈 그릇 같다. 살아가면서 이 빈 그릇 같은 이름 속에는 가지가지의 사유와 삶의 경험이 담기게 되고, 그 이름은 비로소 그 이름이 상징하는 삶으로 내용물을 채워가기 시작한다. 오디세우스는 폴리페모스에게 자신의 이름을 '아무것도 아니'라고 가르쳐 준다. 폴리페모스가 동료들에게 "아무도 아니가 내 눈을 멀게 했어."라고 아무리 외쳐봐도, '아무도 아니'는 존재하지 않기 때문에 아무것도 아닌 일이 되어 사건은 종결되어 버리고 말았다. 그런데 뜻밖의 일이 벌어진다. 오디세우스가 배를 타고 떠나면서 자신의 진짜 이름을 알려준 것이다. 10년에 걸친 전쟁을 통해서 그는 자신의 진짜 이름이 '도시의 파괴자'라는 것을 알게 되었다. 그때까지 오디세우스의 삶에서 가장 오디세우스다운 행위는 트로이 전쟁 중에 트로이를 파괴한 행위였다. 오디세우스는 그렇게 해서 얻어낸 '도시의 파괴자'라는 수식어로 불리는 것을 즐거워했다. 자신의 성격이 반영된 꼭 맞는 진짜 이름이라고 생각했기 때문이다.

그런데 재미있는 점은 '도시의 파괴자인 이타카의 오디세우스'라는 진짜 이름이 알려지자 바다의 신 포세이돈이 아들 폴리페모스의 기도를 들어주었다는 것이다. 10년 동안 포세이돈이 퍼붓는 갖가지의 고난을 이겨내는 것이 이제 오디세우스에게 주어진 모험이 된 것이다. 10년의 고난이 다시 시작되었다. 이때부터 오디세우스의 진짜 이름은 '도시의 파괴자'에서 '귀향하는 바다의 항해자'로 진화를 거듭한다.

구본형, 『구본형의 신화 읽는 시간』

자, 다시 현대로 돌아와 보자. 학교는 항구와 같지. 그 항구에서 교사는 대개 30년간 머무를 권리를 얻어. 하지만 거기에만 머물러 있는 한, 배는 그저 낡아갈 거야. 자신의 이름을 찾을 기회는, 항구에 정박해 있는 동안 사라지는 거지. 학교의 여건은 교사에게 점점 호의적이지 않게 될 거야. 그것이 어떤 이유든 말이야. 그 안에서 우리가 해야 할 일은 무엇일까? 오디세우스처럼 자신을 찾아나서는 것 아닐까?

많은 사람들은 이름 없이 살아가. 특히 여자들은 더욱 그렇지. 결혼을 하고 애를 낳으면 유치원에선 누구 엄마가 돼. 그리고 더 이상 자기 이름으로 불릴 일은 없지. 그래도 한국은 사정이 조금 나은 편이야. 일본 여자들은 한국 여자들을 부러워한다고 해. 전문직종에 있는 사람들일수록 그렇다는데, 그 이유는 일본 여자들은 결혼하면 남편 성을 따라가기 때문이야. 그러니 결혼 전에 아무리 많은 논문을 발표한들, 결혼하고 나면 다른 사람으로 인식되고, 그래서 이전의 업적은 잊혀진다고 해. 사람이 자기 이름 제대로 갖는 게 왜 중요한지 알 수 있는 경우 아닐까?

모든 기술은 극에 도달하면 예술이 돼. 따라서 모든 기술자는 궁극적으로 그 자신을 예술가의 경지로 올려놓아야 하지. 그럴 수 있을 때 우리는 그에게 거장이라는 호칭을 붙이고, 그 뒤에는 이름을 붙여서 존경을 표하는 거야. 물론 수많은 사람들이 이름 없이 살아가고, 그들의 존재 가치가 없다는 건 아니야. 하지만 진짜 이름을 갖는 것은 분명 매력적인 일임은 분명해. 내가 나를 규명하는 과정, 그 과정 안에서 자신이 누구인지를 찾아갈 때, 자신이 누구인지를 그 이름을 통해 설명할 수 있을 때, 자기 자신에 대한 자부심이 나오는 게 아닐까? 그러니, 학교에만 머물 생각하지 말고 더 많은 길을 찾아서 떠나 봐. 더 많은 세상을 경험하고, 더 많은 것들을 느껴 봐. 그럴 수 있을 때, 너도 오디세우스처럼 네 이름을 찾을 수 있을 테니까.

PART 3

학생들에게 가르쳐야만 하는 것

01

존재 가치의 확인이 필요한 이유

수많은 자기계발서들이 하는 이야기는 사실 이런 거지. 너는 부족하다, 그러니 노력해라, 노력해서 원하는 것을 얻어라, 그러면 행복해질 것이다, 라는 매우 도식적인 이야기. 어찌 보면 너무 당연한 이야기 아니냐고, 그래서 자기계발서는 바보 같은 책이라고 비난하는 사람들이 있지. 나 역시 자기계발서에 찬성하지는 않아. 하지만 내가 그 책들에 선뜻 동의하지 못하는 이유는 그것과는 다른 이유야. 그런 방식으로 정말로 성공할 수 있느냐 하는 거지.

자기계발서에서 가장 처음 하게 되는 전제는 앞서 말한 대로 '자신의 부족함을 인정하라'야. 하지만 그걸 인정하고 들면, 노력은 강박증 환자의 수준으로 해야 돼. 그리고 어려움에 부딪치면 변명을 하게 되지. 원래 이건 내가 할 수 있는 일이 아니었다고, 나는 원래 부족하니까 그냥 다른 일을 찾는 편이 낫겠다고 말이야. 딱 한 발짝만 더 나아가면 되는데, 그 한 발을 더 나아가지 않고 발길을 돌리는 사람들은 세상에 수도 없이 많아. 세상 사람들이 그 한 발을 더 내딛는 게 정말 중요한 걸 모를까? 그렇지는 않아. 알지만 눈앞의 가시밭길을 헤쳐 갈 용기가 없는 거지. 그들은 지식의 부족이 아니라 용기의 부족으로 자신이 걷기로 약속한 그 길에서 이탈하지. 그 결과 자신의 시간과 노력에 더해, 운과 재능까지 낭비하는 삶을 살아. 그렇게 이것저것 시도만 하다가 끝나는 삶을 살다가 이룬 것이 없는 40대, 50대가 되는 거지.

반대로 엄청나게 노력해서 원하는 걸 얻는 경우도 있을 거야. 하지만 그렇다고 해도 그들은 만족하는 법이 없지. 10억을 번 사람이 행복한 건 잠깐이야. 왜냐하면 그 앞에 100억을 번 사람이 있거든. 자신이 어떤 존재인지, 얼마만큼의 수준에 만족할 수 있는 존재인지 미리 생각해 보지 않았으니, 그저 더 높은 위만 바라보면서 계속 나아가려는 거지. 그러다 끝끝내 지치게 되는 거고. 결국 원하는 것을 얻든 아니든, 그런 식의 노력은 모두를 실패자로 만들어.

그럼 사람이 성공하기 위해서 가장 먼저 필요한 게 무엇인지는 분명해지게 돼. 그건 바로 자기 존재 가치에 대한 긍정과 확신이야. 안타깝게도 수많은 사람들이 놓치고 있는 점이 바로 그게 아닐까? 오직 자기 존재 가치를 인정하고, 자신을 긍정할 수 있는 사람만이 일과 자신을 분리할 수 있어. 누구나 일을 하다 보면 당연히 실패해. 그런데 자기 확신이 있는 사람은 설령 실패를 하더라도 개의치 않지. 그이유는, 그들에게 닥치는 실패는 일의 실패지, 자신의 실패가 아니기때문이야. 다시 말해 일과 자기 자신을 구분할 수 있다는 말이지. 그래서 그들은 다시 도전할 수 있는 거야. 일이 실패한다 해도 존재 가치를 의심하지는 않으니까. 그러나 이런 식으로 사고하고 행동하는사람은 언제나 찾아보기 어려워.

나는 학교에서 지독하게 일하는 워커홀릭들을 몇 알아. 그리고 한때는 나 역시 그랬었고. 하지만 말이야, 일을 하는 게 너여야지, 일이너를 부리고 있으면 안 돼. 다시 말해 삶의 의미와 방향을 생각하라는, 이제는 너무 자주 들어서 별 감흥이 없어 보이는 바로 그 말이 정말임을 알아야 해. 설령 일을 하더라도 그 일은 너를 위한 것이어야하고, 남을 위해서 헌신한다는 생각으로는 하지 않았으면 좋겠어. 그보다는 차라리 너 자신을 위한 일들을 먼저 찾으라고 이야기하고 싶어. 사실, 너나 내가 더 이상 세상에 존재하지 않더라도 여전히 학교는 잘 돌아갈 거야. 하지만 우리 자신을 책임져 줄 존재는 우리뿐이지. 그러니 자신을 위해 살려고 노력하는 것도 괜찮아.

지금 당장 네가 바라는 게 몇 가지 있을 거야. 반복해서 말하지만그 일들을 잘해내려면, 일단 자기 자신이 어떤 사람인지 알아야 해.

그리고 자기 확신도 있어야 하고. 그렇지 않으면 흔들려 버려. 호박벌은 이론상 날 수 없다고 해. 날개에 비해 몸이 너무 크기 때문이지. 하지만 그럼에도 불구하고 호박벌은 날아다녀. 자신이 날 수 있다고 믿지 않으면 애초에 날려는 시도조차 하지 않겠지? 반면 벼룩은 한 번에 60cm 이상 뛸 수 있지만, 높이가 30cm인 상자 안에 가두면 조만간 30cm만 뛴다고 해. 애초에 자기가 그 이상을 뛸 수 있다는 사실을 잊어버리는 거지. 자신에 대한 존재가치를 인정하지 않는다면, 제 능력도 발휘하지 못하는 게 아닐까 싶어.

학생들은 너에게 아주 많은 것들을, 자주 묻게 될 거야. 사소한 것부터 심각한 것까지 죄다. 그런데 그 질문이란 대개 두 가지로 나뉘는데, 하나는 '어떻게 하면 공부를 잘할 수 있는가' 이고, 또 '하나는 어떻게 직업을 찾아야 하느냐' 지. 사실 부모들 역시 마찬가지여서, 걱정하는 것이 이 두 가지에서 크게 벗어나지 않아. 그리고 그런 질문이 들어올 때마다 내 대답은 한결 같아. 난 질문에 질문으로 답하는 방식을 쓰는데, 그 질문은 이거야.

"너는 너 자신에 대해 알고 있니?"

어설프게 철학자 흉내를 내려는 게 아니야. 자신이 어떤 것을, 왜 공부하고 싶은지, 자신이 타고난 과목은 무엇인지, 약한 과목은 어떤 건지 등을 구체적으로 알고 있느냐고 묻는 거야. 그런 점을 차분하게 분석하고 확인하는 학생은 잘 없어. 대신 많은 학생들은 대개 이런 일을 해. 어떤 학원 강사가 유명하면 일단 그 강사를 찾아가. 그리고 그 강사에게 배워. 하지만 성적이 오르지 않으면 자신의 점수가 왜 오르지 않았는가를 생각하지 않아. 그리고 또 다른 학원을 찾는 거지. 그런 일을 계속 반복하면서 학원 쇼핑만 하다 끝나. 거기에는 애초에 공부를 하는 사람이 '나'라는 생각은 빠져 있지. 자신이 왜 그런 행동을 반복하는가에 대한 문제의식이 없으니, 같은 행동을 반복하는 게 아닐까?

나는 말이야, 삶에는 다 그만한 이유가 있다고 생각해. 자기 삶을 소중히 여길 줄 모르고, 자신의 존재가치를 인정하지 않으면서, 매순간 시간을 낭비하는 학생들을 너도 보게 될 거야. 시험 직전에 자습 시간을 줘도 떠들고 놀면서 스스로 불안해 하는 학생들이 얼마나 많은지는 헤아리기 어려울 정도야. 그 학생들은 자존감과 자존심을 구분할 줄 몰라. 스스로를 학대하는 행동을 하고 있는 것인데도, 헛된 자존심만 내세우고 있지. 그리고 그 결과 기대에 못 미치는 점수를 받게 돼. 그리고 이런 점은 성적이 좋은가, 그렇지 않은가 하고는 상관이 없어. 성적이 높은 학생들 중에 이런 학생들이 종종 보이더라고. 이런 학생들은 자신에 대한 긍정에서 오는 확신과 자만의 차이점을 아직 모르는 것 같아.

그러니 학생이 어떻게 하면 숙련도를 높일 수 있는가를 고민하기 전에, 학생 그 자신이 어떤 존재인지 알 수 있도록 안내해줄 수 있다면, 그 편이 학생에게 더 도움이 될 거야. 특히 교사는 사람을 대하는 직업인만큼, 심리학은 반드시 공부해두면 도움이 되리라 생각해. 당장 그게 어렵다면, 적어도 성격유형검사와 진로검사를 하나씩만 제대로 배워두고 학생들을 상담할 때 활용해 봐. 담임을 맡을 확률이 대단히 높은(학교는 나이가 어릴수록 담임을 시키는 경향이 있으니까) 너로서는 다른 사람들과 큰 차별점을 갖게 되지.

한 가지 예를 들어 줄게. 얼마 전 한 학생의 학부모가 나를 찾아왔어. 시골에서 주변에 변변한 학원은 없는데, 성적은 계속 떨어져서 고민이라고. 학원을 굳이 보내야 되나 말아야 되나 고민이라고 하시더라고. 그래서 내가 해준 대답. 학원을 알아보기 전에 학생의 성적부터 찬찬히 살펴보시고, 그 다음에는 학습유형검사를 해줄 수 있는 상담 기관을 찾아보시라고 했어. 학원을 찾는 것보다 그게 먼저라고. 내가 교사여서 학원을 부정하는 것은 아니다, 그러나 학원에 대해 고민하기 전에 나와 내 자녀를 아는 게 먼저 아니냐고 물었던 거지. 초점을 '잘 가르치는 강사'라는 외부가 아니라, '나'라는 내부에 맞춰야 한다고도 설명했지. 참고로 그 학생의 부모는 직업군인이라 이동이 잦았고, 그래서 여러 선생님을 만나봤는데, 그런 답을 해주는 교사는 처음 봤대. 그리고 충격을 받았다고 고백했어. 학생이 자신에 대해 정확히 이해하려 노력하는 게 먼저고, 자기 혼자 할 수 없다면 전문가의 도움을 받아야 한다는 이야기는 아무에게도 들어본 적이 없었다는 거야. 사실 나로서는 그게 더 놀라워.

하지만 말이야, 사족을 덧붙이자면, 내 답은 그 학부모에겐 도움이 되지 않았을 거야. 왜냐하면 어차피 하지 않을 테니까. 대개의 사람들은 늘 너무 바쁘다는 이유로 현재 상황을 개선하기 위한 노력은 하지 않는 법이거든. 그리고 쓸 데 없이 고민만 해. 실제 얼마 전에 넌지시 학생에게 물어봤는데, 역시나 실행은 하지 않았더라고. 그래서 너에게 해주고 싶은 말. 학생 상담이든 학부모 상담이든, 지나치게 열심히 하지 말 것. 왜냐하면 어차피 네 조언대로 할 사람은 거의 없으니까. 정말로 절실한 사람은 그 절실함을 온몸으로 표현하는데, 도우려면 바로 그런 사람들을 도와야 해. 결국 네 자신을 희생하면서 남을 위해 엄청나게 노력할 필요가 없는 이유는, 어차피 사람들은 자기 생각과, 지금껏 살아온 관성대로 사는 법이거든.

아, 그런 점에서 책을 쓰거나 추천할 수 있다면 참으로 도움이 돼. "너에게 필요한 말은 어떤 책에 다 있으니, 네가 읽어보고 할 수 있는 만큼만 하면 돼."라고 말해주면 되니까. 그건 학교에서 할 일이 무지 많은 너를 구원할 수 있는 방법인 거고. 오해하진 말았으면 좋겠어. 상담을 하지 말라는 말이 아니야. 학생이나 학부모가 네 상담을 듣고 정말로 변화할 시기는 정해져 있으니, 그때가 아니라면 지나치게 열심히 상담할 필요는 없다는 거야.

교사든 학생이든, 누가 됐든 말이야, 어차피 똑같아. 사람은 자신을 알고 거기서 나오는 자기 확신이 있어야 성공할 수 있고, 그럴 자격도 있다고 생각해. 그래서 지금의 자신에게 좋은 일을 해주기 위해서 노력해야 돼. 그리고 그런 사람이야말로 꿈만 꾸는 사람보다 더 많은 것을 얻고 행복을 누릴 자격이 있지 않을까?

그래도 책을 읽는 인생이 더 즐겁다

　나는 국어교사니까, 당연히 국어교과서를 봐. 책을 읽어야 하는 이유를 국어교과서에서는 이렇게 설명을 해. 지식을 얻을 수 있다, 교양을 쌓을 수 있다 등등으로. 교과서가 아닌 일반 서적 중에 자기계발에 대해 다루는 책들은 이런 이유도 덧붙이지. '부자가 될 수 있다'고. 다들 틀린 말은 아니야. 하지만 나는 그것만이 책을 읽는 이유는 아니라고 생각해. 만약 그게 이유라면, 굳이 책이 아니어도 상관없지. 심지어 책을 읽지 않아도 되고.

　예를 들어볼게. 지식이라는 측면에서 보자면, 책은 효율적인 것임에 틀림없어. 단돈 1만원에 각 분야의 전문가들의 내공을 그대로 흡수할 수 있다면, 그것보다 더 나은 방법이 없지. 하지만 아무리 그렇더라도 세상에는 책보다 재미있는 것들이 많아. 컴퓨터만 있을 때는 이 정도는 아니었던 것 같은데, 스마트폰이 나온 이후로 사람들은 더욱 책을 읽지 않게 되어 버렸어. 그 증거로, 지하철에서 책을 보는 사람의 비중은 절대적으로 줄었어. 그건 책이 나빠져서가 아니야. 단지 스마트폰이 책보다 더 재미있기 때문이야. 더구나 인터넷으로 지식을 검색할 수 있기 때문에, 굳이 수많은 정보를 머리에 넣기 위해 책을 읽어야만 할 이유도 없어. 필요하면 그때그때 찾아보면 되니까. 전문적으로 어떤 분야를 공부해서 학위를 취득할 목적이 아니라면, 사실 책이라는 건 인터넷을 당해내지 못해. 따라서 지식을 쌓기 위해서라는 말은, 인간이 재미를 추구한다는 점을 생각하지 않은 대답이라는 점에서, 그리고 실제 책보다 더 재미있는 것이 등장했다는 점에서 도움이 되는 답은 아닐 거야.

그 다음 교양을 쌓기 위해서라는 이유 말인데, 사실 이것도 책이 아니면 안 되는 건 아니야. 예를 들어 차를 마시는 예법인 다도(茶道)를 통해서도 교양은 익힐 수 있지. 심신수양을 위해서 승마를 배울 수도 있고, 정신을 단련하고 사고의 폭과 깊이를 넓히기 위해 바둑을 배울 수도 있어. 다시 말하지만 교양이라는 건, 꼭 책을 통해서만 얻을 수 있는 것은 아니야. 신체와 정신을 단련할 수만 있다면, 그 어떤 것도 교양을 쌓고 수양을 하는 데 도움이 되겠지. 그러니 교양을 쌓기 위해 책을 읽을 수는 있지만, 책을 읽지 않으면 교양을 쌓을 수 없는 것은 아니야. 이런 점을 생각한다면, 책을 읽어야 하는 이유로 이것 역시 정확한 답이라고 보긴 어려울 거야.

마지막으로 책을 읽으면 돈을 더 많이 벌 수 있다는 대답인데, 사실 이게 그나마 학생들에게 와 닿는 답인 것 같아. 하지만 말이야, 이것 역시 앞의 두 가지 이유보다 좀 더 그렇다는 뜻일 뿐이고, 실제 이런 이유로 책을 보는 학생은 없어. 그건 이미 직업을 가진, 혹은 직업을 구하는 어른들이 책을 읽는 이유는 될 수 있지만, 학생들이 책을 보는 이유로는 부적합하다는 뜻이야.

그럼 도대체 왜 책을 읽어야 하는 걸까? 그건 '재미를 얻기 위해서'라는 대답이 적절할 것 같아. 사실 학교에서 교사들이 아무리 무협지나 판타지, 추리소설 좀 그만보라고 해도, 학생들은 꼭 그런 책만 골라서 봐. 그 책들이 재미가 있기 때문이겠지(물론 학교에선 스마트폰을 볼 수 없으니까 차선책일 뿐인 거지만). 더구나 좋다고 알려진 책을 강제로 읽게 하는 방식이 반복되다 보니, 학생들은 독서 자체를 부담스러워하는 경우가 많아. 사실 나만 해도 학생일 때 여름방학마다 했던 독서 감상문 쓰기는 도무지 좋아할 수 없었거든. 나는 종종 '판타지만 읽으면 너희 인생이 판타스틱하게 될 거다'라고 이야기하는데, 이렇게 말하면 학생들이 웃긴 하지만 그렇다고 더 좋은 책을 읽지는 않아. 결국 책은 작가가 재미있게 쓰지 않으면 더 이상 읽지 않는 것이 되었지.

그런 점에서 좋은 책이라는 건 우리시대 어느 누구도 읽지 않는 책이라는 뜻이기도 해. 학생들 중에 『까라마조프 가의 형제들』을 읽어 본 학생들이 과연 몇이나 될까? 좋은 책이란 라틴어와 같은 느낌이야. 존재는 하지만 그걸 굳이 배워서 익히려 애쓰는 사람은 없는. 그리고 사실, 이런 문제는 오늘날의 학생들만의 문제도 아니야. 혹시 소설(小說)이라는 문학 장르가 왜 하필 이름이 소설인지 생각해 봤니? 대설(大說)이 아니라 말이야. 그 이유는 말이야, 애초 옛날의 유학자들도 소설 자체를 좋아하지 않았거든. 사람들이 일은 안 하고 매일 이야기책만 본다고 탓하다 보니, 장르 자체를 폄하해서 그런 이름을 붙였다고 해. 그건 반대로 생각하면 그 당시의 사람들도 재미있는 책이라면 열심히 읽었다는 뜻이지.

여기서 알 수 있는 건, 책의 가치는 일단 재미있어야 해. 그렇지 않으면 아무도 안 보니까. 그리고 독자의 상상력을 자극할 수 있어야 하고, 또한 거기 나오는 내용을 통해 '그래서 나는 어떻게 살아야 하는가?'라는 질문을 던질 수 있으면 최상이지. 판타지의 문제점은 첫 번째 조건인 재미는 있지만, 두 번째와 세 번째가 빠진 경우가 많다는 점이야. 판타지 세계관이 비슷비슷하다 보니, 사실 별 상상력을 자극할 필요가 없거든.

그럼 이렇게 묻는 사람도 있을 거야. 세상에 재미있는 것 역시 많지 않느냐고. 맞는 말이야. 세상을 재미있게 배우는 방법에는 영화도 있고, 다른 이에게 이야기를 듣는 것도 있지. 여행을 통한 직접 경험도 있을 테고 말이야. 실제 모두가 책을 읽어야만 성공하는 것도 아니지. 하지만 그래도 역시, 책이라는 건 읽는 편이 행복하지. 내가 모르는 새로운 세계를 만난다는 건, 그래서 지적 호기심을 자극한다는 건 역시나 사람을 유쾌하고 설레게 하니까. 그런데 새로운 세계를 만날 때, 여전히 책보다 싸고 좋은 건 없어. 심지어 도서관에서 빌려서 보더라도 문제가 안 되지. 예를 들자면, 기차여행을 하는데 무임승차가 가능한 것과 비슷하달까. 게다가 우리는 늘 현실에서 치여 살잖아. 현실이 힘든 만큼, 일탈을 꿈꾸고. 그런 점에서 책은 가장 쉽게 일탈을 할 수 있는 수단이 돼.

나는 그래서 책을 읽어야 한다고 생각해. 지식을 쌓는다, 교양을 쌓는다, 돈을 많이 번다는 것은, 책을 읽고 나서 얻게 되는 부가적인 것들에 지나지 않아. 단지 그런 것들을 위해서 책을 읽는다면, 열 명 중에 아홉 명은 책을 두려워하게 되지 않을까. 그러니 말이야, 학교에서 독서 교육에 대해 누가 뭐라고 떠들든, 항상 너는 네가 가르치는 학생들에게 이렇게 이야기해줬으면 좋겠어. 책은 당장 힘이 없는 우리가, 끊임없이 무언가를 강요받는 우리가 지금 당장 돈 없이도 합법적으로 일탈할 수 있는 유일한 길이라고. 그러니 기왕이면 재미있는 책을 택하라고. 대신 그 책이 하나의 여행 티켓이라고 생각할 때, 그 티켓에 적힌 목적지가 우리가 방문하기 좋은 곳인지 아닌지, 한 번쯤은 생각해 보자고 말이야.

참고로 책이라는 건 아무리 밑줄 치고, 모서리를 접고, 달달 외우고, 그렇게 별짓을 다한다고 해도 말이야, 결국 잊어버리는 거야. 여행을 가서 사진을 아무리 찍어도 결국 다시는 보지 않는 것과 같지. 우리가 기억하는 건, 책을 읽고 나서의 감동과 어렴풋한 기억뿐이야. 그 책의 주인공 이름조차 잊어버려도, 그 책을 통해 내가 어떤 감동을 받았는지, 우리는 모두 기억하거든. 그러니 학생들에게 독서 감상문을 너무 열심히 적으라고 강요하지는 않았으면 좋겠어. 그보다 책과 친해질 수 있도록 돕는 게 먼저가 아닐까? 영화를 감상하러 가는 사람은 있어도 정복하러 가는 사람은 없듯, 책읽기 역시 그래야 해. 의무감으로 책을 읽는 건 너도 좋아하지 않잖아. 교사인 우리가 할 수 없는 것을 학생들에게 요구하지 말자. 대신 이렇게 이야기해줘. 현실이 매우 힘들고 불합리하다고 생각되면, 무작정 새로운 책을 들고 여행을 떠나라고. 앉아서 수학문제만 풀지 말고 수학여행을 매번 가듯 해보라고. 그럼 그 학생은 우리가 잔소리하지 않아도 알아서 성장해 있을 거야.

꿈이라는 단어에 속지 말 것

이제 생활기록부를 정리할 때가 다가오는구나. 학생들이야 방학이 다가오면 일과가 다소 느슨해지니 한결 편해지겠다만, 교사인 우리는 이제부터가 가장 바쁠 때지. 방학 전에 학기말 성적도 마무리해야 하고, 학생 상담을 통한 내용도 생활기록부에 적어 줘야 하니까. 단순히 적는 것이라면 그래도 덜 힘들겠지만, 그중에서도 학생의 사적인 내용들은 학생과 이야기해서 넣을 것과 뺄 것을 확인해야 해. 아무 생각 없이 적어 넣은 몇 글자가 학생에겐 상처가 될 수도 있는 법이니까.

생활기록부를 작성하다 보면, 사실 마음이 쓰이는 것이 몇 가지가 있어. 그중 하나가 장래희망 부분이야. 이 부분만큼 학생들에게 횡포를 부리는 부분도 없지 않을까, 하고 나는 생각하게 돼. 미래를 생각할 시간도, 그럴 만한 기회도 제공하지 않은 어른들이 학생들에게 요구하는 것치곤 너무 뻔뻔하지 않은가 하는 생각 때문이야. 한국 사회에서 꿈이 없다는 말만큼 죄가 되는 것도 없지. 아직 다듬어지지 않았고, 자신에 대해 돌아볼 기회를 갖지 못한 학생들은 고등학교에 들어오자마자 하고 싶은 일을 정해야만 해. 만약 생활기록부에 장래희망이 없다고 기재하려면, 왜 없는지를 설명할 수 있어야 하고. 이쯤 되면 꿈을 가지라고 학생들에게 윽박지르는 꼴이지.

문제는 여기서 그치지도 않아. 진로가 바뀌면 왜 바뀌었는지를 또다시 설명할 수 있어야 하니까. 몇몇 입학사정관들은 진로의 변경에 대해 다소 예민하게 굴기도 하거든. 그걸 물어보는 것이 도대체 무슨 의미가 있는지, 사실 나는 알지 못해. 그러면서도 준비는 시켜야만 하지. 어떻게 하면 좀 더 자연스럽게 변명할 수 있는지에 대해서 말이야. 정말이지 그런 일을 하다 보면, 내가 뭘 하는 건지 모르겠다는 생각이 들어.

이렇게 적당히 변명하고, 최대한 빠르게 꿈이란 걸 찾아야 하기 때문에, 학생들은 자기 꿈인지, 남의 꿈인지 구분하지 않고 닥치는 대로 인생 설계를 시작해. 장래희망 부분은 어떻게든 채워야 하니까. 그래서 보통 그 자리는 부모의 꿈이 적히게 되는데, 우리나라 부모들은 보통 3가지 정도의 원대한 꿈이 있어. 그 3가지란 교사, 공무원, 간호사를 말해. 하지만 학생들에게 되고 싶은 공무원이 무엇이냐고 물으면, 정작 대답은 못하지. 교사도 마찬가지야. 무슨 과목 교사가 되고 싶냐고 물어보면 역시 대답을 못하는 경우가 흔해. 이건 자기 꿈이 아니라, 부모의 꿈이기 때문이야. 부모가 그저 교사면 좋겠다고 이야기했거든.

미국인들은 말이야, 평생 직업을 열한 번 바꾼다고 해. 그에 비해 우리나라의 교직은 공무원에 속하니까, 그 길을 택하는 사람은 아마 평생에 열한 번 직업을 바꾸기는 쉽지 않겠지. 하지만 바로 그렇게 오래가는 직업이기 때문에 일단 자신과 맞는 직업인지 아닌지를 더욱 열심히 살펴야 하지 않을까. 그런데 그런 생각을 하는 부모나 학생은 잘 없는 것 같아. 그들은 그저 열한 번 직업을 찾지 않아도 된다는 사실에 안도할 뿐이지. 한 번 직장 생활을 시작하면 거기서 헤어나오기가 얼마나 힘든지는 생각하지 않으면서 말이야.

좀 거칠게 말하자면 말이야, 나는 장래희망이란 '장래에나 희망할 수 있는 것'이라고 생각해. 말장난이지만 하루 4시간을 자는, 그래서 꿈을 꿀 시간도 없는 학생들에게 꿈을 가지라는 말은 현실과 1만 광년쯤 동떨어진 말 같아서. 그리고 바로 그렇기 때문에 그런 말을 아무렇지도 않게 하는 사람들을 보면 화가 날 정도야. 내가 근무하는 학교에는 외부 강사들이 자주 와. 그들은 학생들에게 비전을 가지라느니, 미래에 대한 꿈을 가지라느니, 그런 말을 아주 쉽게 하곤 해.

물론 그 이야기를 들으면서, 학생들은 강당에서 정말로 꿈을 갖게 되지. 다들 깊이 자게 되거든. 뒤에서 지켜보는 나는 그 모습을 보며 여러 가지 생각이 들어.

너도 알다시피, 나 역시 가끔 다른 학교에 외부 강사로 초청을 받아. 주된 내용은 자존감에 관한 내용이지. 그런데 그 이야기를 준비할 때마다 말이야, 사실은 조심스러워. 자기 존재에 대한 확신을 갖는다는 것, 남들이 뭐라 하든, 내가 이룬 게 있든 없든, 일단은 나 자신을 긍정하는 데서 출발해야 한다는 거, 일단 사람들에게 익숙한 이야기가 아니잖아. 물론 무작정 희망을 가지라는 말을 하진 않지만, 그래도 받아들이는 사람의 입장에서는 내 의도와 달리 받아들일 수도 있으니까 아무래도 조심하게 돼. 어쩌면 내가 그런 입장이어서 다른 강사들의 생각에 동의하기 어려운 건지도 모르지. 나로서는 쉽게 할 수 없는 말인데, 저 사람들은 참 쉽게도 하는구나, 싶어서.

꿈이라는 말은 사실, 기약이 없는 단어야. 그저 무엇이 되었으면, 혹은 가졌으면 좋겠다는 것이거든. 그래서 한낱 미몽(迷夢)으로 끝나는 경우도 많지. 굳이 자신이 원하는 걸 꼭 손에 넣고 싶다고 말하는 학생이 있다면 말이야, 이렇게 이야기해주는 건 어떨까. 먼저 그걸 정말 손에 넣고 싶은 건지 생각해 보고, 그걸 얻기 위해서 너는 무엇을 포기할 준비가 되어 있는지도 한 번쯤 생각해 보라고. 가장 먼저 포기해야 하는 것은 편안함이겠지. 무언가를 손에 넣는 과정은 대개 노력을 필요로 하니까. 어쩌면 꿈의 종류에 따라 노는 시간뿐만 아니라 공부 시간이 줄어드는 것도 감수해야 할 수도 있어. 그리고 나서, 그걸 손에 넣기까지 얼마의 시간을 쓸 계획인지도 생각해 봐야 할 거야. 대가에 비해 지나치게 오래 걸리는 일이라면 그 일을 하지 않는 편이 나을 수도 있으니까.

하지만 이런 계획을 세우고 미래를 걱정해서 어떻게든 해보려는 노력은 말이야, 사실 대개 실패로 끝나. 왜냐하면 상황은 계속 변하게 마련이고, 설령 꿈을 이루었다고 해도 손에 넣은 그것이 실제 본인이 원하는 게 맞는지도 알 수 없거든. 그보다는 차라리 하루하루를, 지금 당면한 오늘의 문제를 착실히 해결해 나가면서 살아갈 수 있도록, 그렇게 도와줄 수 있었으면 좋겠어. 아직 다가오지도 않았고, 어떻게 변할지도 모르는 것을 이야기하는 것보다, 지금의 하루하루를 즐겁게 살아갈 수 있도록 돕는 편이 낫지 않을까? 미래에 어떻게 될지도 모르는 꿈을 꾸는 것보다, 당장의 현실에서 자신을 위한 것들을 찾아보는 게 낫지 않을까, 싶다는 말이야.

그리고 내가 하는 이 말은, 사실 학생뿐만 아니라 교사인 너에게도 해당되는 말이야. 많은 교사들이 장래 무엇을 하겠다고 많이 노력해. 장학사가 되고, 교장이 되겠다, 혹은 수능출제위원이 되겠다, 뛰어난 강사가 되겠다 등등. 나는 무엇이 될 것이다, 무엇을 하겠다, 라고 이야기하는 사람들은 세상에 많아. 하루하루 완만히 죽어가는 사람이 되어서도 안 되지만, 현재에서 발을 떼고 미래에서 사느라 허우적거리지도 않았으면 좋겠어. 우리가 오직 현재를 살 때, 지금 당장 단 1cm라도 전진하려 노력할 때, 행복도 길을 잃지 않고 우리에게 정확하게 찾아올 수 있을 테니까.

04

직업이 아니라 일을 찾아야 하는 이유

전에 한 번 이야기한 적이 있었는데 말이야, 학생이나 학부모가 자주 하는 질문 대부분이 학업과 진로에 관한 것이거든. 기억이 나는지 모르겠다. 지난번엔 학업에 대한 이야기를 했으니, 오늘은 진로에 관한 이야기를 해보려고 해.

사실 학업이든 진로든 크게 다르지 않은 것이, 출발점은 어차피 '나'여야 하거든. 사람들은 전망 좋은 직업이 뭐냐, 이걸 해서 먹고 살 수 있을 것 같냐, 등의 질문을 많이 하곤 해. 하지만 말이야, 그런 질문의 초점은 내부의 나가 아닌, 외부의 직업에 초점을 맞추니까 답이 나오지 않게 되지. 사실 어떤 교사도 직업 전문가가 아닌 이상, '어떤 직업이 전망이 있다'와 같은 이야기를 함부로 할 수 없어. 오히려 함부로 그런 진로를 권하는 교사들을 경계하라고 권하고 싶을 정도야. 자신이 미래에 다녀오지도 않았는데, '어떤 직업이 장래 괜찮을 것이다'라는 건, 사실 예측이 아니라 희망사항이지. 그래서 나는 학생들에게 말해. 너희 미래를 내가 알아 맞출 수 있다면, 나는 교사 생활 안 한다고. 미아리에 돗자리 깔고 점집을 차렸을 거라고. 그게 떼돈 버는 일인데, 왜 교사 생활을 하고 있겠느냐고 말이야. 자신들의 미래를 예지력이 없는 사람에게 물어보는 것도 이상하지만, 애초에 자신의 살아갈 방법을 타인에게 묻는 학생들이 대다수라는 건, 우리 모두가 곰곰이 생각해 볼 문제야.

그럼 학생들은 왜 그런 질문을 할까? 한 번도 자기 결정권을 제대로 누려보지 않았기 때문이지. 민주국가에서 자기 결정권의 꽃은 결국 투표야. 이들은 투표권을 한 번도 가져본 적이 없어. 기껏해야 뜬구름 잡는 소리나 하는, 학교 현실은 전혀 모르는 학생회장 후보자들에게 표를 몇 번 던져 봤을 뿐이지. 이들은 한 번도 책임이란 걸 져본 적이 없기 때문에, 그 책임을 어떻게 질 수 있는지도 당연히 몰라. 그리고 내가 실천한 권리가 어떤 방식으로 나에게 기여하고, 더 많이 누리기 위해 내가 어떤 노력을 해야 하는지도 당연히 모르는 거야.

요컨대 자기 손으로 무언가를 해본 적도 없고, 그러기는커녕 해볼 기회도 제대로 누리지 못했다는 뜻이지. 그게 아니면, 가슴 뛰는 무언가를 아직 만나지 못해서 절실하지 않거나. 이유야 어쨌든, 학생들은 무기력한 생활 속에서 주어진 것 외에는 거의 아무것도 결정하지 못해. 상황이 이러니 학생들에게 꿈을 가지라느니, 너는 왜 꿈이 없냐고 다그치는 건 올바르지 않은 거야. 내가 학생들에게 가끔 들려주는 이야기인데, 일제 강점기 때 학생운동을 했던 사람들은 전부 중학생과 고등학생들이었다는 거야. 그 당시에 대학생이 어딨었겠냐고, 다들 너희와 똑같은 나이의 사람들이 나라 구하겠다고 나섰던 거라고, 나는 그렇게 말해주거든. 실제 그게 사실이니까. 내가 가르치는 학생들도 필요하면 그렇게 나설 수 있으리라고 믿어. 다만 아직은 그럴 시점이나 이유를 찾지 못했을 뿐 아닐까 생각한다는 거야.

하지만 사회 변화를 위해서 거대한 목소리를 낼 수 있는 학생들도, 사실 자기 먹고 살 길 앞에서는 한없이 작아져. '과연 이걸 해서 먹고 살 수 있을까?' 하고 생각하게 되거든. 하지만 진로라는 건 생각보다 크게 걱정할 일이 아니야. 왜냐하면 사람은 저마다 타고난 성향이 있고, 결국 자기 성향 따라서 직업을 찾게 되어 있거든. 그러니 결국 자기가 어떤 사람인지 아는 것이 먼저일 수밖에 없다는 거야. 그리고 이런 생각을 하는 학생이나 학부모는 잘 없지. 그래서 사실 나는, 학교에서 철학을 가르쳐야 한다고 생각해. 우리가 던지는 모든 질문에 답을 주진 않지만, 스스로 답을 찾게 만들기는 하거든. 철학이 우리에게 던지는 질문은 오직 두 가지뿐이야. 하나는 '세상은 어떻게 돌아가는가' 하는 것이고, 또 하나는 '인간은 어떻게 살아야 하는가'지. 특히 '나'라는 존재와 관련된 모든 문제는 결국 두 번째 질문과 관련되는 거야. 인문학이 강조되어야 하는 이유는, 사람들의 편견과는 정반대로 실제 그것이 우리의 먹고 사는 문제를 해결해줄 힘이 있기 때문이야.

학교생활을 좀 더 하다 보면, 너는 이런 질문을 하는 학생들도 만나보게 될 거야. 문과와 이과, 둘 중에 어디에 가야 하느냐고 묻는 학생 말이야. 그런데 그런 질문을 하는 학생들은 특징이 있어. 100% 문과 성향의 학생이라는 거지. 이과에 갈 학생들, 그런 질문 안 해. 나는 분명 문과 체질인데, 부모님은 이과에 가야 먹고 살 수 있다고 이야기하니까 진짜 이과에 가야 하는 건지, 쓸 데 없는 고민을 하는 거지. 하지만 너도 알다시피, 사람은 각자 타고난 재능으로 먹고 살 때 행복한 거야. 그리고 그럴 수 있을 때 새로운 기회의 문이 계속 열리는 거고.

다만 나는 그런 거 잘 모르겠고, 불안하기만 하니까 그런 말은 나에게 도움이 안 된다고 믿는 사람도 세상에는 있겠지. 그런 사람의 입장에서는 자신이 미래에 벌 수 있는 돈이 적어서 고민이라는 말일 거고. 만약 그런 학생들을 만나게 된다면 말이야, 그럼 네가 어느 쪽을 더 잘 견딜 수 있는가를 생각해 보라고 이야기해주면 어떨까? 하고 싶지 않은 일을 해야 하지만, 그런 대로 보장되는 수익을 얻으면서 살 건지, 아니면 당장의 기대되는 수익은 적더라도, 내가 하고 싶은 일을 하다가 뜻밖의 기회를 만나서 한 단계씩 점프할 가능성이 있는 일을 할 건지 말이야. 한 쪽은 평생의 매너리즘을 각오해야 하고, 다른 한 쪽은 고정된 수입이 없거나 매우 적다는 불안감이 있지. 좋기만 한 것은 세상에 없다는 걸 학생들이 받아들이는 게 먼저 아닐까?

그런데 사실 이런 이야기도 큰 의미는 없는 이야기야. 왜냐하면, 학생들은 애초에 직업에 대해 아는 것 자체가 거의 없거든. 학생들이 원하는 직업은 그들이 그저 가장 많이 들어본 직업일 뿐이야. 예를 들어 학생들이 선호하는 간호사란 직업에 대해 생각해 보자. 간호사란 직업은 재직 수명이 평균 5.4년 정도에 불과해. 사회적으로 간호사의 처우가 얼마나 열악한지 계속 보도가 되는데도, 학생들은 그냥 그 분야를 진로로 택해. 정말로 하고 싶어서 하는 거라면 물론 괜찮아. 그 학생은 어떻게든 버텨낼 거니까. 하지만 굳이 성공 가능성을 따져가며 직업을 찾는 것치곤 참 이해하기 어려운 일이지. 너도 내가 간호사란 직업에 대해 나쁘게 이야기하는 게 아니라는 건 이해할 거야. 내가 말하고 싶은 건, 정작 전망 좋은 직업은 뭐가 있는지 알아볼 생각도 하지 않으면서, 전망이 그다지 좋지도 않은 직업에 대해 무작정 뛰어들려는 학생들의 모습이 이상하다는 거야.

우리나라처럼 학생들의 직접 경험이 부족한 나라에서의 진로 설계란, 현실적으로 거의 의미가 없는 말이 아닐까. 전문계 고등학교의 화

공과 학생은 제과점에서 빵을 만들어볼 기회가 있어. 다시 말해 직접 경험의 기회가 있다는 말이지. 하지만 인문계 학생들의 최대치는 간접 경험이야. 그 애들은 야간 자습을 하거나 학원에 다니느라 정작 자기 삶에 필요한 기술을 익힐 시간이 없지. 그러니 그 애들에게 있어 인생 경험의 최대치는 언제나 간접 경험이고. 그 간접 경험에서 가장 효율적인 것은 결국 책인데, 하루 종일 교과서라는 책을 봐야 하는, 더구나 책은 글쓰기 숙제를 위해서 읽는 것이라고 굳게 믿는 학생들이 책을 보고 싶을까? 말이 안 되는 이야기야. 그런 학생은 손으로 꼽을 정도야. 그러니까 진로 계획은 늘 뭔가 어설픈 느낌인 거지.

일을 찾는다는 건 말이야, 꿈이나 목표를 정해놓고 찾는 것은 아니라고 생각해. 그보다 자신을 알고, 자신이 좋아할 만한 일들을 탐색하는 과정이 먼저여야지. 생각해 보면 나도 고등학생 때 분명한 꿈이라는 게 있지는 않았어. 그냥 고등학교에서 애써 배운 거, 그대로 잊어버리고 사회에서 처음부터 다시 배우긴 아깝다는 생각, 그러니 그걸 가지고 직업으로 활용해 보면 어떨까 정도의 막연한 생각, 그중에서도 국어를 잘하니 국어교사를 하면 좀 더 내 삶이 쉽게 풀리지 않을까와 같은 생각을 했던 거지. 하지만 말이야, 내가 정말 관심이 있는 건 컴퓨터였어. 어설프게 분해하고 조립하는 일을 늘 시도하고 있었지. 하지만 고등학생에게 돈이 얼마나 있었겠어. 그러니 할 수 있는 일의 가짓수는 늘 제한되더라고.

어쨌거나 대학에 가보니까 말이야, 나는 학과를 완전히 잘못 선택했더라고. 망한 거지. 나는 국어교육학과가 아니라, 문예창작과에 갔어야 했던 거야. 그런데 어쩌겠어. 이미 입학금과 등록금은 다 냈는데. 재수하면서 1년을 더 쓰고 싶은 생각도 딱히 없고. 그러니까 그 안에서 내가 할 수 있는 일을 찾아야 했는데, 그게 컴퓨터를 가지고 노는 일이었어. 내가 다른 책에서도 이야기했지만, 그렇게 내 컴퓨터를 가지고 노는 모습을 보니까 당시의 내 룸메이트가 자기 컴퓨터도 고쳐 달라고 하더라고. 그 다음엔 같은 과 동기들, 그 다음엔 같은 과 선배들, 그 다음엔 다른 과 교수님, 그렇게 인간 관계의 영역이 자꾸 확대되는 거지. 내가 외향적인 사람이 아닌데도 말이야. 결국 마지막엔, 학교 여자 기숙사에 합법적으로 출입할 수 있는 유일한 남학생이 되어 있더라고.

세상에 '여자 기숙사에 합법적으로 출입할 수 있는 직업'이라는 긴 이름의 직업은 당연히 없어. 그냥 내가 할 수 있는 일을 찾아서 했던 거고, 자주 하니까 익숙해진 거고, 그러다 보니 그 일을, 남이 나를 필요로 할 정도로 잘하게 된 거지. 나는 강연 때 이 에피소드를 들려 줘. 그리고 말하는 거야. 성공이라는 건, 여러분이 몇 가지 알고 있지도 않은 직업 사이에서 힘들게 골라야만 얻을 수 있는 게 아니라고. 그저 자신이 좋아서 하고 있는 일들의 영역을 확장하다 보면 저절로 얻게 될 거라고 말이야. 그럼 개 중에는 이렇게 질문하는 학생이 있지. 그렇게 해서 돈은 많이 버셨느냐고. 그럼 나도 대답해 줘. 부족하지는 않게 벌었다고. 컴퓨터 분야의 신제품이 나오면 그 제품에 대한 평가 보고서를 써주고, 그 대가를 받는 게 내가 돈을 버는 방법이었거든. 덕분에 고등학교에 다닐 때는 늘 컴퓨터 부품을 살 돈이 모자랐는데, 대학교에 다닐 때는 한 번도 내 돈 주고 컴퓨터를 사본 적이 없었다는 말도 해주고.

사람은 말이야, 결국 자기 인생은 스스로 개척하는 것이라는 점을 이해해야 돼. 부모도 책임질 수 없고, 직장 선배나 친구들이 도와줄 수 있는 것도 아니거든. 모든 정보는 네가 찾아야 하고, 결단도 네가 내리는 것이고, 책임도 너만이 질 수 있어. 그리고 그때서야 너는 준비가 된 거야. 성공할 준비? 아니지, 수도 없이 실패하고 깨질 준비. 그리고 네 무릎에 수도 없이 넘어진 흉터 자국이 남게 되면, 너는 비로소 성공을 얻게 될 거고. 한 가지 자신 있게 말해줄 수 있는 건, 성한 무릎보다 수도 없이 흉터가 남은 네 무릎을 보면서, 너는 너 자신을 더 자랑스러워하게 될 거라는 점이야.

그러니 학생들에게도 말해 줘. 네가 어떤 사람인지를 스스로에게 설명할 준비가 되면, 네 진로에 대해서는 그다지 신경 쓰지 않아도 될 거라고. 아, 그리고 정말로 그럴 마음의 준비가 되면, 계획은 그만 세우고 일단 해보라고도 말해 주고.

05

좋은 자기소개서는 어떤 글인가

지난번에 우리는 학생들이 어떻게 하면 먹고 살 수 있는지, 다시 말해 진로에 관한 이야기를 했었지. 그런데 제 아무리 실력을 갈고 닦았다고 해도, 그런 실력을 표현할 수 없다면 그건 별 의미가 없을 거야. 우리는 모두 일을 하고, 그 대가를 통해 살아가지. 우리는 로빈슨 크루소가 아니야. 개인이 외따로 떨어져서 혼자 살아갈 수 있다면 모르지만, 그럴 수 없다면 세상을 살아가기 위해 자신을 어떻게 표현할 수 있는가를 배워두는 건 무척 중요한 일이야.

학생들은 자신을 표현하는 법을 전혀 배우지 못했다고 해도 절대 지나친 말이 아니야. 그 증거로 학생들은 자기소개서를 아예 쓸 줄 모르는 경우가 많거든. 곧바로 취업을 하는 전문계 학생이든, 대학에 들어가야 하는 학생이든 자기소개서를 쓰는 것은 피할 수 없는 일이지. 전문계 학생들은 보통 3학년 1학기가 시작될 때 자기소개서를 들고 오고, 인문계 학생들은 2학기 시작될 때 찾아와. 나는 국어교사니까 학생들이 더 자주 찾아오는 듯하지만, 사실 과목이 무엇이든 상관은 없어. 국어교사만 담임을 맡을 것도 아니고, 학생들은 여러 선생님을 찾아다니게 마련이거든. 특히 친한 선생님이 있다면 그 사람부터 찾을 거고. 너도 그런 날이 올 테니 학생들의 글쓰기는 어떠한지, 어떤 점에 초점을 맞춰서 지도해주면 좋은지를 알아두면 도움이 될 거야.

사실 글쓰기는 생각보다 대단히 중요해. 왜냐하면 사람이 먹고 사는 길이 바로 글쓰기로 열리기 때문이지. 앞서 말했듯 학생이 대학에 가려면 자기소개서를 써야 돼. 그리고 그 자기소개서의 내용을 토대로 면접도 치러야 하고. 대학 내내 수많은 레포트를 작성해야 할 것이고, 졸업하면 회사에 취업하기 위해 다시 자기소개서를 써. 입사하면 끝일까? 그렇지 않지. 제안서나 보고서를 작성할 수 있어야 해. 많은 학생들이 이론으로만 작문을 배우고, 실제 자기 삶을 열기 위한 글쓰기의 기회를 놓치고 말아. 사회에 나가서 그것을 전문적으로 배울 기회는 거의 없는 형편이고. 글쓰기에는 수많은 방식이 있는데, 그중 내가 쓰는 방법을 소개할게. 어렵지 않으니 그대로 이해하고 너도 학생 지도에 바로 활용할 수 있을 거야.

먼저 형식적인 부분부터 보자. 학생들에게 자기소개서를 써오라고 하면 가장 큰 문제가 뭘까? 답은 '읽을 수가 없다'는 거야. 왜냐하면 문단 구분이 전혀 되어 있지 않거든. 학생들은 처음부터 끝까지 통으로 된 문단 하나를 글이라고 작성해서 가져오곤 해.

그런데 말이야, 학생들은 모의고사 국어 영역을 풀면서 그렇게 된 글을 본 적이 있을까? 당연히 없을 거야. 그런 지문이 나온다면 학생들은 화를 내게 될 거야. 이런 지문을 어떻게 읽느냐고 말이야. 그런데도 학생들은 꼭 그런 글을 써 와. 그런 식으로 쓰면 글을 쓴 사람의 의도가 전혀 전달되지 않는 데도 말이야.

글을 쓸 때 항상 잊지 말아야 할 제1원칙, 그건 보는 사람이 읽기 좋게 해줘야 한다는 거지. 그렇게 쓰지 않은 글은 아무도 보지 않으니까. 나는 생활기록부를 쓸 때에도 내용이 바뀔 때마다 줄바꿈을 꼬박꼬박 해 줘. 왜일까? 그래야 대학 관계자들이 읽어줄 테니까. 글을 전문적으로 읽는다는 건, 더구나 한 사람의 합격과 불합격을 가를 수 있는 글을 읽는다는 건 굉장한 부담이야. 그러니 그 사람들도 글 몇 개 보다 보면 쉽게 지치거든. 그러니까 최대한 읽기 좋게 배려해 줘야 돼. 그렇게 쓰지 않으면 아무리 열심히 썼어도 의미가 없어. 솔직히 말해 쓰레기만 만드는 건지도 몰라. 나는 교사로서 생활기록부를 쓰는 것이지, 판사로서 판결문을 쓰는 것이 아니라는 점을 항상 기억하고 있거든.

어쨌든 그렇기에 학생들에게 글을 받자마자 내가 하는 일은 언제나 똑같아. 받는 즉시 1초 만에 되돌려주는 거지. 그리고 주문 사항도 언제나 똑같아. 문단 구분을 해올 것. 그거 하나뿐이야. 그렇게 다시 써 온 글은 한결 보기 좋지만 여전히 읽기는 힘들어. 왜일까? 이번엔 문장이 문제거든. 문장 하나하나가 너무 길어. 그러다 보니 읽다보면 내용이 꼬이게 돼. 그간 경험으로 보면 말이야, 중고등학생 수준에서 A4를 기준으로 한 줄 반을 넘어가면 거의 틀린 문장이라고 보면 돼. 주어와 서술어의 관계가 일치하지도 않고, 지시어나 접속어는 아무데나 끼어 있어서 도대체 무슨 말을 하고 싶은 건지 알 수도 없게 되지.

가령 학생들이 자주 틀리는 표현 중 하나가 '왜냐하면 ~이기 때문이다'라고 써야 할 것을, '왜냐하면 ~이다'로 쓰는 것인데, 이럴 때의 문장은 100% 길다고 보면 돼. 길게 쓰니까 본인도 헷갈리고, 열심히 쓰는 데만 만족해서 고칠 생각도 안 하고 그저 뿌듯해서 교사에게 제출하거든. 안타깝게도 글을 쓰고 나서 한 번 더 보라고, 가장 좋은 건 소리를 내서 읽어보는 것이라고 아무리 강조해도 잘 지키는 편은 아니야. 소리를 내서 읽었을 때의 좋은 점은, 읽다가 문장의 흐름이 매끄럽지 않으면 탁탁 걸리는 부분이 보인다는 거야. 이건 눈으로만 볼 때에는 잘 찾아내기 어려워. 이 과정을 거치지 않으면 엉망진창인 문장이 나와.

그래서 반드시 기억해야 할 제2원칙, 글은 곧 그 사람의 수준이라는 거야. 예를 들어 보자. 만약 학생이 대학 입학을 원하는데, 불행히도 깐깐한 사람이 입학담당자라고 생각해 봐. 그리고 어떤 학생이 대충 쓴 자기소개서를 읽게 되었다고 생각해 보자. 그럼 그 사람은 어떤 생각을 할까? '이 학생은 글은 엉망으로 쓰지만 혹시 발견되지 않은 재능이 있을지도 몰라. 다른 지원자들이 많긴 하지만, 일단 이 학생에게 기회를 줘봐야겠다' 라고 생각할까? 아니면 '글을 엉망으로 쓰는 걸 보니, 인생을 얼마나 대충 사는지 안 봐도 뻔하다. 너 같은 애는 면접을 볼 필요도 없겠다' 고 생각할까?

문장 자체가 엉성한 이유는 여러 가지가 있어. 내 생각엔 컴퓨터로 쓰는 것도 한 몫을 하는 게 아닌가 싶어. 자판을 두들기는 건 연필로 글을 쓰는 것보다 훨씬 쉽잖아. 특히 잘라내기와 붙여넣기 기능은 거의 무적이지. 쓰다가 쉽게 잘라내서 아무데나 붙여넣기할 수 있어. 그러다 보니 문장이 길어져. 그렇게 심취해서 열심히 짜깁기를 하다 보면, 문장은 누더기가 되고, 원래 전하고자 하는 메시지는 사라지게 되는 거지.

자, 여기서 한 발 더 나가 보자. 사람들은 왜 문장을 길게 쓰고 싶어 하는 걸까? 불안하기 때문이야. 상대방이 내 글을 읽고 제대로 이해해 줄 것이라는 믿음이 없거든. 이건 스스로의 능력에 확신이 없다는 말이기도 해. 그러니 자꾸 자세히 설명해야 할 것 같고, 그래서 꾸며주는 말은 계속 늘어나지. 그 결과 문장은 길어지고 산만해져. 이런 일은 의식적으로 문장을 짧게 쓰는 연습을 하지 않으면 고칠 수 없어. 사실 이걸 막으려면 가장 좋은 것이 종이 원고지에 글을 쓰는 거지. 그러면 지쳐서 길게 쓰는 일 자체가 줄어들 테니까. 그러면 문장이 훨씬 보기 좋아지겠지? 내가 알기로 『노인과 바다』를 쓴 어네스트 헤밍웨이는 일어서서, 그것도 한쪽 다리를 들고 글을 쓰는 습관이 있었다고 해. 이유는 그래야 빨리 지치게 되고, 그러면 불필요한 문장을 쓰지 않을 수 있기 때문이라는 거야. 그게 정말인지는 모르겠지만, 실제 그의 문장에는 군더더기가 없고, 그래서 명료한 건 틀림없지.

나는 자기소개서 쓰기를 지도할 때 반드시 이렇게 문단 나누기, 문장 고치기의 2단계를 거치게 해. 이렇게 하는 것만으로도 2번의 고쳐쓰기가 이루어지고, 학생들은 글쓰기를 대충할 수 없다는 걸 깨닫게 되지. 하지만 이건 어디까지나 워밍업에 불과한 거야. 진짜는 이제부터지. 형식적인 부분이 해결됐다면 이제부터는 내용을 살펴봐야 하니까. 글의 내용을 쓸 때 중요한 점은 상대방의 감정을 끌어내야 한다는 점이야. 『미라이 공업 이야기』를 쓴 야마다 아키오는 "장사란 고객 감동이다. 고객은 감동하면 물건을 사 준다."라고 말했어. 이런 비유는 학생 개개인의 기분을 상하게 만들지도 모르지만, 대학 입학이나 취업은 자신이라는 상품을 상대방에게 적극 홍보해서 파는 일이야. 그렇지 않으면 그 시장에서 학생은 팔리지 않으니까. 그럼 '나를 파는 장사'에서 감동은 어떻게 만들 수 있을까? 그것은 '나'라는 상품 설명서의 '구체성'에서 나오는 거야. 설명서가 보기 좋아야 구매자도 흥미가 생긴다는 말이지. 그런데 학생들이 쓰는 글의 수준은 대개 이래.

오늘은 놀이터에서 놀았다. 참 재미있었다.

자, 너에게 물어볼게. 위 문장에서 재미가 느껴지니? 안 느껴진다고? 그럼 왜 안 느껴질까? 분명 재미있다고 썼는데 말이야. 이유는 구체성이 없기 때문이지. 무엇이, 왜, 어떤 점에서 재미를 주었는지를 전혀 알 수 없잖아. 이런 초등학생 일기에나 나올 법한 수준의 글이 고등학생들 자기소개서의 수준인 경우가 많아. 가령 다음 문장을 볼까?

제 장점은 공감과 소통 능력이 뛰어나다는 것입니다. 제 인생의 롤 모델은 유재석이며……

일단 많은 면접관들이 공감과 소통이란 단어를 매우 싫어한다는 점은 생각해 볼 필요가 있어. 그리고 롤 모델로 박지성, 김연아, 유재석, 반기문을 싫어한다는 점도. 그 외 위 문장에서 문제점은 무엇일까? 너무 추상적이라는 거지. 더 쉽게 말하자면, 그냥 뜬구름 잡는 소리라는 말이야. 이런 말은 우리의 마음을 조금도 움직이지 못해. 그럼 이번에는 다음 글을 살펴볼까?

저는 사실 어릴 때 저만 아는 사람이었습니다. 왕따를 당한 적도 있었습니다. 저는 저의 어떤 점이 문제인지 전혀 몰랐습니다. 저는 그저 옳은 이야기를 할 뿐인데도, 친구들은 저를 싫어하는 것 같았습니다. 저는 저대로 그런 친구들이 이상하다고 생각하고 있었고 말입니다. 그런데 어느 날, 초등학교 4학년 때 친구 한 명이 저희 반으로 전학을 왔습니다. 그 친구는 말수가 적었는데, 마침 제 옆자리가 비어 있어서 제 옆에 앉게 되었습니다.

이런저런 대화를 하다 보니 그 친구에겐 좋은 장점이 있음을 알게 되었습니다. 말은 별로 하지 않지만, 대신 저나 다른 친구가 이야기하면 상대방의 이야기를 열심히 들어주는 것이었습니다. 정말로 진지하게 들어주는 태도가 눈에 보였기 때문에, 누구라도 그 친구와 이야기를 하면 기분이 좋아지는 게 눈에 보일 정도였습니다. 저는 그 모습을 보고 이렇게 생각하게 되었습니다. '나도 저 친구처럼 행동하면 다른 친구들과 사이가 좋아질 수 있지 않을까?'

그때부터 저는 그 친구를 흉내 내기 시작했습니다. 저와 다른 생각을 말하는 친구가 있더라도, 일단 꾹 참고 먼저 들으려 노력했습니다. 저와 상대방은 서로 생각이 다를 수 있는 거니까요. 그래서 제가 친구의 이야기를 먼저 들어주면, 친구도 제 이야기를 잘 들어준다는 사실을 알게 되었습니다. 그런 친구들이 하나둘 늘어나면서, 저와 반 친구들의 사이는 매우 좋아졌습니다. 그 다음 해부터는 제가 반장이 되곤 했는데, 이는 모두 다른 사람의 이야기를 열심히 들어주려는 노력으로 얻은 결과였습니다. 만약 전학 온 친구가 없었더라면, 저는 바뀌지 못했을지도 모릅니다. 돌이켜 보면 그 친구야말로 제 인생 최초의 롤 모델이었던 셈입니다. 그 친구를 통해 제가 배울 수 있었던 건, 공감의 중요성이었습니다.

위 글을 읽어보면 말이야, 공감과 소통이 어떤 것인지, 내가 그걸 왜 그걸 중요하게 생각하게 되었는지를 분명히 알 수 있어. 내가 이 예를 학생들 앞에서 설명하면 모두 진짜 내 이야기인 줄 알아. 구체성이 있으니까. 하지만 나에겐 초등학교 4학년 때 전학 온 친구가 없어. 이 이야기는 언젠가 수업 시간에 글을 쓰는 법에 대해 설명하기 위해, 내가 즉석에서 만들어낸 거야. 물론 자기소개서에 거짓말을 적어 넣으라고 가르치라는 건 아니야. 말이든 글이든, 호소력은 이런 구체성에서 나온다는 점을 이야기하고 싶은 거지.

자, 이제 우리는 좋은 글을 쓰기 위한 세 번째 원칙을 알게 된 거야. 그 원칙이란, 구체적으로 써야 한다는 거지. 좋은 글의 핵심은 구체성이야. 구체성이 있으면 사람들은 읽게 돼. 왜냐하면 재밌거든.

흔히 사람들이 글을 쓸 때 진솔하게 쓰라고 하는 이유가 있어. 그래야 구체적이고 개인적인 경험이 글을 통해 드러나거든. 그렇지 않은 글은 아무리 훌륭해도 읽히지 않아. 그러니까 학생들이 자기소개서를 쓸 때 해야 할 일은, 나에게는 왜 글을 쓰는 재능이 없는가를 한탄하는 일이 아니야. 그보다는 자기소개서에서 요구하는 항목에 해당하는 내 경험은 무엇이 있었나를 열심히 생각해 보는 거야. 좋은 글은 바로 그런 노력에서 나와. 재능이 아니라 구체적으로 생각하려는 노력 말이야. 만약 그런 경험이 정말 단 하나도 없다면, 미안하지만 어떤 교사도 그 학생을 도울 수 없어. 인생을 헛되게 살았다는 뜻이니까. 자신을 설명할 수 있는 좋은 경험이 단 하나도 없다는 게 말이 될까? 그건 둘 중에 하나겠지. 자신에 대해 깊이 있게 생각해 보는 일이 귀찮거나, 아니면 정말로 책상 앞 공부와 책상 앞 컴퓨터 게임 외에 아무것도 안 했거나.

잠깐 옆길로 새자면, 내가 계속 책상 앞을 벗어나 다양한 경험을 하라고 이야기하는 건 삶의 구체성을 확보하라는 뜻이기도 해. 그리고 그런 이야기가 있어야 쓸 거리가 생기는 거고. 정말로 움직이기도 싫고, 시간도 없어서 직접 경험을 할 수 없다면, 최소한 책을 통해 간접 경험이라도 해야 하지 않을까. 언젠가 인터넷에서 임승수 씨의 글을 본 적이 있어. 글을 어떻게 써야 하는가에 대해 설명하는 내용이 있었는데, 그분 역시 글에서 가장 중요한 건 구체성이라고 밝힌 바 있

어. 그분이 글 속에서 인용했던 글을 나 역시 인용하며 마무리하고
싶어.

"30초 안에 소설을 잘 쓰는 법을 가르쳐 드리죠. '봄'에 대해 쓰고
싶다면 이번 봄에 무엇을 느꼈는지 말하지 말고 무슨 일을 했는지 말
하세요. '사랑'에 대해 쓰지 말고 사랑할 때 연인과 함께 걸었던 길,
먹었던 음식, 봤던 영화에 대해 쓰세요. 감정은 절대로 직접 전달되
지 않는다는 걸 기억하세요. 전달되는 건 오직 우리가 형식적이라고
부를 만한 것뿐이에요.

이러한 사실을 이해한다면 앞으로는 봄에 시간을 내 특정한 꽃을
보러 다니고 애인과 함께 어떤 음식을 먹었는지, 그 맛이 어땠는지,
그날의 날씨는 어땠는지를 기억하려 애쓰세요. 강의 끝."

김연수, 『우리가 보낸 순간』 (마음산책, 2010)

06

인성이 최고의 실력이다

너도 학교에서 시험이 끝났다고 했으니, 당분간은 정신없이 바쁘 겠구나. 며칠간 성적을 정리하고, 학생들에게 이상이 없는지 확인을 받고, 결과에 대한 회의를 가져야 할 테고, 그리고 나서는 성적표를 보내기 위한 준비 작업을 해야 할 테지. 당연히 나도 그런 일을 반복 해. 일을 처리하는 데 있어 가장 중요한 것은 결국 정확성이고, 그 다 음이 속도야. 네가 하는 모든 일은 감사의 대상이 되고, 네가 처리한 일의 결과는 때로 너를 옥죌 수 있어. 그러니 네가 살아남을 수 있는 가장 좋은 방법은, 결국 항상 말하지만 일을 정확히 배우고 그 일을 제대로 수행하는 연습을 반복하는 것이지. 그렇게 해도 실수가 나온 다면, 그것은 네가 최선을 다한 결과이니 너무 마음에 담아두지 않았 으면 해. 누구나 실수하면서 배우는 법이니까.

여기서 한 가지 생각해 볼 점이 있어. 네가 고등학교에서 배웠던

지식의 대부분은 현재 네가 맡은 학교 행정업무에서 거의 쓸모가 없다는 점이고, 또 하나는 네가 대학교에서 배운 모든 교육학적 지식은 수업 시간에는 별로 의미를 갖지 못한다는 점이야. 결국 이론 교육은 어디까지나 네가 자격을 얻기 위해 필요한 것일 뿐, 실제 사회생활에선 거의 활용될 기회조차 없지. 어쩌면 이런 말을 들으면 너는 혼란스러울 수도 있을 것 같아. 왜냐하면 네가 가르치는 일 역시 이론 교육이 태반일 테니까. 어쩌면 이론 교육이 쓸모가 없다면 교사의 존재 의의는 없는 것이 아니냐고 항변하고 싶을지도 모른다는 생각조차 들어.

물론 혹시라도 네가 혼란스러움을 느낀다고 해서 이상한 건 아니야. 도리어 그건 지극히 당연한 것이지. 지금까지 네가 가르쳐 온 것들이 학생의 현재와 미래를 위해 도움이 되지 않는다는 현실을 직시해야 하니까. 그렇다면 오늘날 학교와 교사의 존재 이유는 도대체 어디에서 찾을 수 있는 걸까? 그걸 이해하려면 교사의 역할부터 다시 생각해 보지 않으면 안 돼. 오늘날 교사의 역할은 가르치는 데 있지 않아. 대신 배우게 하는 데 있지. 이 둘은 서로 다른 말이야. 가르치는 일은 교사가 수업을 장악하고 주도한다는 말이지. 그 결과 교사는 수업 시간 내내 가장 열심히 일하는 사람이 되어 버려. 그러니까 늘 지쳐 쓰러질 것 같고, 그래서 수업 자체가 부담스럽게 돼. 하지만 배우게 한다는 것은 교사가 학생을 이끄는 게 아니야. 명확한 방향과 기준을 제시만 하면 돼. 학생들이 배워야 할 것을 스스로 수행할 수 있도록 수업을 설계하고, 그 과정에서 조력자 역할을 하는 거지. 그러니까 수업은 이미 수업 시간이 되기 전에 다 이루어져야 해. 시대역시 이러한 방향을 추구하고 있고, 흔히 우리는 그것을 학생중심수업이라 부르는 거고.

앞서 말한 대로 우리가 하는 대부분의 이론 교육은 학생이 생활인으로서 살아가는 데 도움이 되지 않아. 그러니 그것으로 얻어낸 점수에 너무 연연할 필요가 없음을 이해하고 학생들에게도 그리 설명해주었으면 좋겠어. 회사 생활을 하든, 사업을 하든, 나처럼 책을 쓰든간에 가장 중요한 것은 결국 인성이야. 지식은 언제든 망각할 수 있고, 실제 그래도 돼. 단순 기억은 기계가 대신해줄 수 있으니까. 하지만 사람의 인성이란 쉽게 변하지도 않거니와, 배우고 익히는 데 많은시간이 걸리게 마련이야.

매우 중요하기 때문에 네가 이 부분을 꼭 다시 읽어주었으면 좋겠구나. 내가 인성을 '배우고 익히는 것'이라고 표현한 점을 주목해 주었으면 좋겠어. 조벽 교수는 시간과 노력을 들여 얻게 되는 것이 실력이라면, 인성 또한 실력이라고 설명하신 바 있어. 참으로 옳은 말이야. 어제 교실에 버려진 쓰레기를 줍지 않은 학생이, 오늘 갑자기쓰레기를 주울 수 있을까? 어제 다른 사람에게 인사하지 않은 학생이, 오늘은 인사할까? 그렇지는 않을 거야. 그래서 인성 교육이란 장시간의 노력을 통해 이루어져야 하고, 몇 번의 특별 수업으로 이루어질 것이 아니야. 학생들이 조별 과제를 수행하며 다른 사람과 협동하는 태도를 배운다면, 그것은 인성 교육이 잘 이루어진 거야. 그것이 우리 같은 교사가 학생들이 배울 수 있게 도와야 할 것이 되지. 그게 사람이 삶을 살아가는 기술이고, 지향해야 할 태도가 되기 때문이야. 여담이지만, 학교에서 인성 교육을 특별 교육으로 여기고, 따로 시간을 내어 가르쳐야 하는 것으로 여기는 것, 그래서 교사들이 수업 외의 무언가로 여기고 부담스러워 하는 것은 합리적이거나 올바른 것 같진 않아.

얼마 전 시험이 끝나고 학생 한 명이 나에게 자신의 좋은 성적에 대해 겸손하게, 그러나 자긍심을 담아 자랑한 바 있어. 그 학생은 평소 성실하고 공손하여, 어떤 교사나 깊은 관심을 갖고 대하는 학생이었어. 나로서는 그 학생의 성적에 대한 자부심을 깎아내릴 이유는 없지만, 그 학생이 진심으로 자부심을 가져야 할 부분은 다른 부분이라고 생각했지. 그래서 그 학생에게 이렇게 말해주었어.

"네가 좋은 성적을 얻은 것은 나로서도 기쁜 일이다. 하지만 정말로 네가 알아야 할 것은, 많은 선생님들이 너에게 기대를 걸고 있는 것은 단순히 너의 성적이 아니라는 점이야. 네가 가진 좋은 성격과 자질 중에 하나가 노력하는 것이고, 좋은 성적은 그 노력의 결과에 불과한 거야. 그러니 끊임없이 노력을 하는 자질을 갖췄다는 너 자신을 자랑스러워하는 것이 더 올바른 일이야. 네가 가진 그 성격과 태도를 유지할 수 있다면, 설령 지금보다 더 낮은 성적을 네가 받더라도 너는 충분히 성공할 수 있을 거야."

 그 학생이 내 말을 제대로 이해했는지, 얼마나 깊이 가슴에 새겨두었는지, 나로서는 알 수 없어. 그러나 언젠가 잊어버릴 것이 확실한 지식으로 기록된 점수는, 그 의미 역시 잊혀지게 되지 않을까? 나중에는 자신이 시험을 치렀다는 사실조차 기억할 필요가 없게 될 테고. 반면 누군가의 태도와 그가 행한 일은 우리의 머리에서 쉽게 사라지는 것이 아니야. 흔히 우리는 잠시 잠깐의 태도와 인상으로 누군가를 함부로 평가하면 안 된다고 말하지. 그러나 우리는 늘 바쁘기 때문에, 그 찰나의 순간 외엔 어떤 사람에 대해 깊이 확인할 시간이 없는 것이 현실이야. 그래서 우리는 늘 첫인상이 중요하고, 상대방과 일로 엮이지 않는 한, 그를 제대로 알아가려 하지 않아. 사람이 자신을 가꾸고 항상 돌봐야 하는 이유가 바로 여기에 있어. 그리고 자신을 돌보는 데 최상은 언제나 좋은 태도야. 실력은 그 다음이고. 좋은 태도를 지닌 사람은 언제나 긍정적이고, 겸손하되 자신을 낮추는 법이 없지. 또한 자신의 능력이 부족함을 알아도 끊임없이 노력하고. 그러면 주변 사람들이 감동을 받게 되고, 기꺼이 자신의 힘을 빌려줘. 내가 주의 깊게 보는 점이 바로 이 점이야. 단순 계산을 포함한 지식은 컴퓨터가 인간을 능가할 수 있어. 하지만 사람을 감동시키는 것은, 오직 사람뿐이야. 이것은 아직 세상의 어떠한 기계도 해낼 수 없는 일이고. 정확한 기술은 보는 이로 하여금 감탄하게 만들 수는 있지만, 감동을 줄 수는 없는 까닭이야. 아직 어린아이가 서툴게 일어서서 걸음마를 하게 될 때, 부모는 그것이 완전해서가 아니라 아이가 애써 노력하고 있기 때문에 감동하지. 결국 세상 사람들이 감동하는 것은 누군가가 하는 일의 완전함에 있지 않고, 그 사람의 태도에 달려 있는 거야.

사람을 감동케 할 수 있는 일이란 생각보다 사소한 것들이야. 그러나 그 사소한 것들은 누구나 하지 않는 것이므로 결코 사소하지 않아. 아침마다 일어나서 자신의 잠자리를 반듯하게 정리하는 사람이 세상에 몇이나 될까? 교실이나 교무실에서 자기 자리를 청소하고 하루 일과를 시작하는 사람은 몇이나 될까? 항상 밝게 웃고 인사하는, 그래서 보는 사람마저 행복하게 만드는 사람은 또 몇이나 될까? 자신이 맡은 일을 어떻게 해서든 시간 내에 완수하려는 사람은? 남과의 약속을 지키기 위해 기꺼이 자신의 손해를 감당하는 사람은? 그런 사람은 과연 몇이나 될까?

부모든 교사든, 우리는 바로 그런 사람을 키워내기 위해 노력해야 돼. 그런 사람은 매우 귀한 법이어서, 어디서나 존경 받고 어디서나 높은 위치로 올라서지. 따라서 그런 사람의 현재 위치는 전혀 중요한 것이 아니야. 만약 내가 어떤 사람을 감히 평가해야 한다면, 나는 그가 가진 현재의 재능이 아니라 그가 가진 태도에 기준을 맞출 생각이야. 꾸준한 학생은 배울 수 있지만 영리한 학생은 곧바로 다른 것을 찾는 경우가 많아. 그래서 그 성취가 매우 적은 경우도 많고.

학교에서 학생들을 가르칠 때에는 그들이 먹고 살 방법을 제대로 가르치고 있는지 생각해 보아야 돼. 내가 가르쳐야 할 교과 지식을 모두 전달했다는 안일함이, 바로 오늘날의 교사들이 학교 담장 밖의 사람들에게 끊임없이 질타를 받는 이유이기 때문이야. 살 길은 각자가 찾아가는 것이지만, 그러려면 어떻게 찾아야 하는지 삶의 자세를 가르쳐야 한다는 말이야. 그러니 누군가를 가르칠 때의 초점은, 올해 내가 몇 명의 학생을 일류대에 보냈는가에 맞춰질 일이 아니야. 나는 학교장이나 교감 선생님의 자리에 성적이 우수한, 학교의 주요 관리 대상이 되는 학생들의 생활기록부가 꽂혀 있음을 보곤 해. 그리고 그것이 내가 그분들의 자리에 갈 때마다 마음이 편치 않은 까닭이고. 한편으론 두렵기도 해. 내가 그분들의 나이가 될 때, 나 역시 그렇게 판단하고 행동하게 될 수 있음을 알고 있기 때문이야.

그러니 네 학생들에게 가르쳐 주었으면 좋겠어. 네가 지금 좌절하고 힘들어 하는 이유는 성적표에 적힌 숫자 때문이라는 걸 알지만, 그리고 노력해도 성적이 잘 나오지 않기 때문임도 알지만, 자신을 귀하게 여기고 크게 쓰기 위해 노력하고 준비하는 사람만이 실제 그러한 경지에 도달할 수 있다는 걸 말이야. 물론 학생들은 당장 받아들이기 어려울지도 몰라. 하지만 그래도 포기하지 말고 매일 같이 이야기해 주었으면 좋겠어. 내가 이런 말을 하는 이유는 알량하고 소견 좁은 부모나 교사가, 그 자식이나 학생에게 세상을 살아가는 지혜 대신 어쭙잖은 처세술을 잘못 가르치는 경우를 보기 때문이야. 미디어는 학생들에게 세상을 살아가는 법에 대해 엉뚱한 이야기만 늘어놓고. 만약 학교에서마저 올바른 길을 안내할 사람이 없다면, 학생들은 제대로 배울 기회를 영영 잃게 돼. 그러니 반드시, 반드시 학생 개개인이 가진 인성의 훌륭한 점을 찾아 그 부분을 격려할 수 있는 교사가 되었으면 좋겠다는 생각이야.

그리고 만약 네 말의 의미를 정확히 이해하는 것을 어려워하는 학생이 있다면, 이렇게 설명해줄 수 있다면 어떨까 싶어. 좋은 태도를 지닌 학생이야말로, 가장 좋은 자질을 갖춘 사람이라고 말이야.

07

오직 현재를 살 것

인간에게는 3개의 시점이 있어. 하나는 과거, 하나는 현재, 하나는 미래지. 과거와 미래에 잡혀 사는 사람들은 늘 고민이 많아. 동물들은 큰 걱정 없이 사는 것 같은데, 왜 사람만이 그토록 걱정이 많은지 생각해 봤니? 나는 그게 오늘을 살려고 애쓰지 않는 태도 때문이 아닐까 싶어.

데일 카네기의 책을 읽다 보면 말이야, 우리가 진짜 걱정해야 할 내용은 4%뿐이라는 내용이 나와. 나머지는 걱정할 필요가 없거나, 아니면 걱정해서 해결될 문제가 아니라는 것이지. 불교에서는 생각이 허공에 떠다니는 것은 '현재'를 의식하지 않기 때문이라고 말해. 잡다한 생각은 과거에 얽매여 있거나, 미래를 꿈꾸기 때문이라는 거지. 인간의 영성과 심리를 다루는 에니어그램 역시 같은 이야기를 하는데, 오직 현재에 있을 수 있는 것은 '정신'이 아니라 '몸'이고, 따라서 몸의 감각에 집중해야 한다고 설명하지.

우리는 현재를 살아가는 것 같지만, 실제로는 그렇지 못해. 많은 근심은 우리가 현재를 살지 못하기 때문에 나타나. 예를 들어 어제 깜빡하고 돌리지 못한 빨래는 학교에 와서 근심해 봐야 어쩔 수 없는 일이야. 그건 그냥 오늘 집에 가서 돌리면 되는 일이지. 오전에 공문을 보내지 못했다면, 오후에 보내면 되는 일이고(괜찮아. 우린 늘 바쁘니까).

어른들도 그런데 학생들은 어떻겠어? 학생들이야말로 완전히 미래에 속한 사람들이잖아. 그 애들이 공부를 하는 것은 나중에 더 좋은 대학을 가기 위해서고, 나중에 더 좋은 직장에 들어가기 위해서고, 나중에 더 편하게 먹고 살기 위해서지. 사실 이렇게 생각해 보면, 우리가 지금 열심히 일하고 쉬지 못하는 까닭은, 결국 나중에 게을러지기 위해서일 뿐인 거 아닐까? 그렇다면 우리는 굳이 그렇게 살아야만 하는지, 또 그렇게 살 거라면 현재를 어디까지 희생할 수 있는지에 대한 계산부터 해야 하지 않을까? 결국 이 모든 건, 내가 어떤 사람인지를 아는 데서 출발해야 한다는 거지.

아쉽게도 이런 점을 생각하는 사람은 드문 것 같아. 미래에 대한 불안은 종종 탐욕으로 나타나는데, 더 많이 갖지 않으면 생존 자체가 불안하다고 생각하기 때문이겠지. 하지만 '나' 라는 존재는 결코 도구가 아니야. 나는 어디까지나 '나' 로서 존재해야 하는 거지. 미래를 위해 현재의 나를 도구로 삼고 희생시킨다는 개념은 이상한 개념이야. 성경에도 나온 내용이지만, 내일의 먹을 것을 걱정하지 말라는 건 그래서 진리인 게지.

물론 미래를 위해 아무런 대책도 세우지 말라는 건 아니야. 내가 말하는 건, 현재의 나를 '느끼고', '이해하려는' 노력을 하면 된다는 거야. 그렇게 현재를 충실히 살다보면 그게 미래에 대한 가장 좋은 대비책이 될 수 있으니까. 어차피 미래는 현재의 연장선상에 있으니, 자연스레 만나게 되는 시간이지. 예를 들어 말이야, 미래를 대비해서 사적 연금을 많이 가입하면 뭐할 건데? 어차피 중간에 목돈이 필요해서 죄다 해지하는 게 연금이야. 그리고 해지하면 할수록, 금융 회사들은 즐거워하는 거지. 고객에게 돌려줘야 할 돈이 줄어드니까. 어쩌면 그들로선 선물을 받는 느낌일지도 몰라. 그런 관점에서 생각하면, 자신이 아니라 남을 위해 시간과 재물을 쓰고 있는 거지.

그보다는 현재의 나의 발전을 위해 그 돈을 쓰는 편이 낫지 않을까? 나의 시간과 돈을 나의 재능을 탐색하는 일에, 하고 싶은 일을 찾아보는 일에 쓰다보면 나를 충실케 하는 무언가를 찾을 수 있지 않을까? 굳이 미래를 위해서가 아니라, 지금 내가 원하는 일을 하고 즐겁게 살기 위해서 말이야. 물론 이런 생각을 하고 실제 실천에 옮기는 사람은 드물어. 그 결과 우리는 모두 비슷한 인생을 사는 거지. 그런데 말이야, 1968년에 노벨문학상을 수상한 가와바타 야스나리라는 사람이 있어. 그의 소설 『설국』은 이렇게 시작 돼.

　　국경의 긴 터널을 빠져나오자, 설국이었다. 밤의 밑바닥이 하얘졌
　다. 신호소에 기차가 멈춰 섰다.

터널을 빠져나오자마자 온 천지가 하얗대. 그 모습을 단 한 줄로 처리해 버려. 그리고 터널이라는 어두컴컴한 곳에서 밝은 곳으로 빠져 나와 환한 빛을 반사하는 눈을 '밤의 밑바닥이 하얘졌' 는 미문(美文)으로 표현한 거지. 도대체 이런 표현은 어떻게 가능한 걸까? 장담컨대 거기에 작가인 '나' 가 있었기 때문이겠지. 꼭 그 지역이 아니더라도, 작가는 틀림없이 비슷한 경험을 했을 거야. 그런데 우리에게 눈 내린 풍경을 묘사하라고 하면 어떨까? 일단 당황부터 하겠지? 왜일까? 그러한 풍경이 아무 의미로도 다가오지 못했기 때문이겠지. 의미가 없으니, 거기에 신경을 써본 적도 없었을 테고 말이야. 그리고 바로 이 지점에서, 대입 준비생이든, 취업 준비생이든 똑같이 고생하는 게 아닐까? 별 감흥도 없고, 그저 지나쳤던 매 순간의 현재를, 그래서 머리에 남아 있지도 않은 그 과거를, 매우 특별했었노라고 거짓으로 포장해야 하니까. 그리고 그런 사람들의 글만 보다가 직접 경험

한 사람의 글을 읽게 되니, 전혀 새로운 느낌을 받게 되는 거지.

당연한 말이지만 누구나 겨울은 매년 한 번씩 경험하게 돼. 그러니까 살아온 세월만큼 경험하는 거지. 이 말이 뜻하는 게 뭘까? 고등학생들도 최소 15번의 겨울을 맞이하는데, 눈 내리는 풍경에 온전히 빠져보지 못한 것이고, 거기서 현재를 느껴보지 못했다는 뜻이야. 게다가 내친 김에 말하자면 말이야, 세상은 갈수록 이상해지는 것 같아. 자신을 둘러싼 세계를 그대로 이해하려는 것이 아니라, 꼭 휴대폰 카메라에 담아놓으려고 하거든. 어차피 나중에 보지도 않을 건데 말이야.

현재라는 건 말이야, 생각보다 놀라운 선물이야. 어제와 비슷한 오늘조차도, 완전하게 어제와 같을 수는 없지. 매순간 현재에 살아 있고 깨어 있으려면, 삶의 초점을 '지금, 그리고 여기'로 맞추지 않으면 안 돼. 너무 많은 과거에 대한 회한, 그리고 미래에 대한 근심, 거기에 더해 나는 못했지만 너는 해내야 한다는 잔소리는 우리가 현재를 살아갈 힘을 잃게 만드는 것들이야.

우리는 근심하는 것을 좋아하니까, 그리고 세상은 미래를 대비하지 않는 사람들을 철이 없는 사람으로 생각하니까, 그리고 우리 아버지들은 IMF를 겪었으니까, 그리고 우리 아이들은 좋은 직장을 구하기가 어려울 것 같으니까 등등, 우리가 미래에 살아야 할 이유는 충분히 많아. 하지만 말이야, 오직 지금에 충실하고, 내가 나를 기쁘게 할 때, 그래서 삶의 불안과 고통에 초연해질 때, 세상도 나에게 열리는 건 아닐까? 그렇게 매순간 현재를 살아갈 때, 탁월한 삶을 살아갈 수 있는 게 아닐까?

그러니 학생들에게도 가르쳐 주자. 네가 지금 어떤 존재인지, 네가 오늘 학교에 오면서 본 것들이 무엇인지 설명할 수 없다면, 너는 돌이킬 수 없는 과거나 미래를 생각하느라 허우적거린 거라고. 그래서 너는 현재를 놓친 거라고. 그리고 현재의 삶에 충실하지 않으면서 미래를 위해 노력하겠다는 말은, 누구나 하는 말이지만 아무도 믿지 않는 말이라고 말이야.

PART 4

경제적 자유를 위한 홀로서기

01

왜 자기만의 브랜드를 가져야 하는가

남이 흉내 낼 수 없는 전문기술을 가진 사람은 그가 조직에 속해있든 조직에서 벗어나 있든, 그게 문제가 되질 않는다는 걸 아니? 예를 들어 보자. 어떤 은행원이 있고, 그 은행원이 일을 잘해 계속 진급하고, 돈도 많이 벌었다고 치자. 문제는 그 다음이야. 은행에서 퇴직하면 과거의 영광은 과거로만 끝날 뿐이라는 거지. 그가 과거에 은행에서 아무리 뛰어난 능력을 발휘했다고 해도, 은행을 벗어나면 그가 가진 직무 능력은 아무 쓸모가 없다는 거야.

반면 의사들은 이게 문제가 되지 않지. 대학병원에 속한 의사가 거기서 나온다 해도, 그가 다시 개업을 하면 되는 문제니까. 더구나 사람 몸에 메스를 들이대는 일은 아무나 할 수 있는 일이 아니고, 국가에서 허가한 사람만이 가능한 일이야. 그러다 보니 의료 분야의 문턱은 매우 높지. 그래서 이들의 수입은 계속 보장될 수 있다는 거야. 이러한 것은 일신전속권(一身專屬權)의 개념으로 설명되는데, 이것은 어느 한 개인에게 부여된 권리는 타인에게 양도될 수 없음을 의미하는 법률 용어야. 쉽게 말해 의사 면허는 개인끼리 사고 팔 수 없다는 거지. 결국 의사들이 대형병원이라는 조직에서 나와도 생존할 수 있는 까닭은, 그들이 일신전속권이라는 강력한 무기를 가졌기 때문임을 알 수 있지.

왜 많은 사람들이 대기업에서 나와 치킨집이나 커피숍을 차릴까? 그건 그들이 직무 능력만을 개발하느라 자신의 브랜드는 갖추지 못했기 때문이야. 하지만 앞서 말했듯 은행에서 하던 일은 은행 밖에서는 필요가 없어. 그러니 의미 없는 존재가 되는 거지. 조직 내에서 그가 무얼 했든, 그건 그저 과거의 영광일 뿐이라는 말이야. 그리고 남들이 다 하는 일에 뛰어드는 거지. 이건 앞서 말한 치킨집이나 커피숍을 말해. 그게 위험하다는 걸 알면서도, 딱히 준비된 게 없으니까, 퇴직금을 계속 까먹고만 있을 수는 없으니까 그 일을 하는 거야.

결국 중요한 건 직무 능력 개발은 회사에서 생존하기 위해 필요하겠지만, 평생직장의 개념이 희미한 지금은 그것만으로는 부족하다는 이야기야. 나는 학생들에게도 이러한 현실을 알려줘야 한다고 생각해. 따라서 내가 생각하는 교육의 방향은 깊이만이 아니라 넓이를 함께 강조하는 교육이고. 지금의 학교 수업은 지나치게 깊이만을 강조하는 측면이 있어. 그리고 이는 직장 생활을 시작한 너에게도 똑같이 해당되는 말이야. 공무원은 철밥통이니까 좋은 직장이라고 말하는 사람들이 있는데, 내가 보기엔 그래서 더 위험해. 위험을 감지하지 못하고 정년을 채우고 나서 학교 밖에 나간 사람의 미래가 어떨지 생각해 봐. 어쩌면 사회 속에서 자기 능력 발휘를 어떻게 해야 할지 충분히 배우지 못한 채로 나이만 먹었을 수 있어.

4차 산업 시대에 가장 먼저 부적응하게 되는 존재는 누구일까? 아마 회사원일 거야. 지금도 회사는 많은 사람들을 쫓아내는데, 그 이유는 경력 20년차 직원을 고용할 돈으로 신입 직원 3명을 채용할 수 있기 때문이지. 정말 막강한 노동조합이 버티고 있는 직장의 중견 직원 이상이 아니라면 그렇다는 말이야. 그런데 문제는 다른 데 있어. 젊은 사람들은 그 노조에 끼지 못한다는 거지. 노조에 끼려면 일단 정규직이어야 하는데, 정규직의 일자리는 점차 줄고 있거든. 비정규직 종사자는 그들끼리 연대하기도 하지만 그 가능성은 적어. 그러다 보니 이중노동시장이 형성되는 거고. 똑같은 일을 하더라도 많은 급여를 받는 기성세대와, 한 달에 150만 원도 못 버는 젊은 세대로 노동시장이 쪼개진다는 말이야. 사실 선진국으로 갈수록 이러한 현상은 심화되는데, 그 여파는 조만간 공무원 조직이나 공공기관에도 밀려들 수 있다고 봐. 예를 들어 기존의 50대에 비하면, 지금의 30대가 받는 연금액수는 훨씬 줄어든 게 사실이잖아. 퇴직 후의 기대 소득에서 이미 이중노동시장이 형성되어 있다는 말이지.

　학교가 철밥통이라는 말을 들을수록, 우리는 그런 말 속에서 위험을 감지해야 해. 어차피 '공무원=도둑'이라는 세간의 평가는 앞으로도 깨지지 않을 것이기 때문에, 새삼 그런 말에 분노할 필요는 없어. 그러니 거기에 감정을 낭비하는 대신 스스로에게 물어 봐. 바로 그 철밥통이라는 사실 때문에, 내가 학교에서 머무는 동안 생존 기술을 익히지 못하는 건 아닌가 하고 말이야. 네가 할 수 있는 것들을 점차 늘려나가고, 그렇게 해서 '아, 저 사람은 이러저러한 분야에서 탁월하지'라는 평가를 들을 수 있게 될 때, 너는 너 자신을 안전한 위치로 옮겨놓을 수 있을 거야. 그것이야말로 네가 남들과 차별화되는 것이고 말이야. 그러니 진심으로 말하건대, 조직에 네가 가진 열정을 전부 쏟으려고 하지는 말았으면 좋겠어. 네 미래는 지금 현재 네가 무엇을 할 수 있는지를 확인하고, 그중 네가 선택하고 개발한, 무엇보다 남과 차별화되고 쉽게 흉내 낼 수 없는 기술에 달려 있을 테고, 그러한 기술을 개발하려면 너를 위한 시간이 많이 필요할 테니까.

02

교직원공제회만 믿으면 안 된다

공무원들은 모두 복지조직을 갖추고 있지. 그건 교원도 예외는 아니는데, 교원은 교직원공제회에 가입할 수 있어. 교직원공제회의 지급 이자율은 시중은행보다 다소 높은 편이야. 따라서 저축을 할 때에는 아무래도 일반 은행보다는 좀 더 낫지. 하지만 정말 중요한 건 그것만이 아니야. 교직원공제회의 저축에는 만기라는 개념이 없어. 즉 돈을 넣어두면 계속 복리로 이자가 붙는다는 사실이 중요한 거지. 일반 은행들이 보통 3년 내지 최장 5년이 만기인 것과 차별화되는 점이야. 그래서 적금과 예금의 기능이 하나로 합쳐진 결과를 볼 수 있지. 게다가 또 하나의 좋은 점이 있어. 교직원공제회에선 교사의 월급날 미리 정해진 금액만큼 돈을 떼 간다는 점이야. 그래서 '내가 저축하고 있다'는 생각이 따로 들지 않아. 예를 들어 월급 200만 원 중에서 20만 원을 매달 납입하기로 했다면, 그냥 월급날 180만 원만 나오는 거지. 그게 내 월급이라고 생각하고 자연스레 거기에 맞춰 생활하게 돼. 소비를 절제하기 위해서는 생각보다 좋은 제도야.

교직원공제회의 이자율을 확인해 보니 2018년 1월 1일 기준, 이자율은 2.2%고, 그나마 세후에는 1.86%에 불과해. 그래도 이자가 붙는 것이니 현금을 가지고 있는 것보다는 낫지 않겠냐고 물어볼 수 있는데, 그건 사실이야. 하지만 대개의 사람들이 생각하지 않는 게 하나 있어. 우리나라 화폐가치가 계속해서 하락하고 있다는 점이야. 어느 전문가에 따르면 우리나라 화폐량은 매년 8%씩 증가한대. 이 말이 맞다면 기준 금리가 동일할 때, 실제 화폐가치는 매년 동일 수준 하락하고 있다는 뜻이야. 더 나아가 대략 12년이 지나면 네가 가진 총금액의 가치가 절반으로 줄어든다는 뜻도 되겠지. 다시 말해 지금 100만 원의 가치는 12년이 지나면 50만 원 수준이 될 거라는 말이지. 물론 물가상승률을 고려하면 이 정도로 가치가 빠르게 하락할까 싶지만, 체감물가를 기준으로 생각하면 실제 그 수준이 맞지 않을까 생각해.

그런데 이자율이 2%라면 어떤 결과가 생길까? 내가 은행에 넣어두어서 2%의 이자는 받지만, 전체적으로 내 자산은 6% 마이너스가 나는 거야. 그러니 너는 자산이 늘고 있다고 착각하면 안 돼. 그래서 사람들이 먼저 눈을 돌리는 것이 연금저축과 연금펀드인데, 이 경우에 대해서도 알아두어야 할 점이 있어. 이 두 가지는 가입하면 최대 66만 원까지 세액공제를 받을 수 있다는 점이야. 세액이라는 말은 곧 세금이라는 뜻이기 때문에, 이 말은 연말정산 시 66만 원을 추가로 돌려받을 수 있다는 말이 되지. 연간 총납입금액이 400만 원이면 66만 원을 돌려받을 수 있고, 그 이상 납입해도 세금을 더 깎아주진 않아. 400만 원을 납입하고 66만 원의 이자를 받는 것이나 마찬가지기 때문에, 많은 사람들이 여기에 관심을 보이고 있어. 재테크를 딱히 공부하지 않는 사람이라도 이 정도는 알아.

그런데 주의할 점이 하나 있어. 중도해지할 경우에는 그간 받은 세금 혜택을 모두 토해내야 한다는 점이야. 그래서 한 번 가입하면 되도록 해약하지 않겠다는 생각을 해야 해. 그런데 실제로는 많은 사람들이 연금저축이나 연금펀드에 가입했다가 해약을 해. 그 이유는 돈을 모으는 순서를 생각하지 않기 때문이야. 연금은 길게 보고 납입하는 것인데, 갑자기 돈이 필요한 경우는 생각보다 많거든. 그래서 돈을 모을 때는 단기, 중기, 장기로 나눠서 생각을 해야 돼. 단기 자금을 모은다는 건 6개월 치 생활비를 모을 수 있어야 한다는 말이야. 한 달에 쓰는 돈이 얼마인지 계산해 보고, 거기에 6을 곱하면 네가 모아야 할 금액이 나오겠지? 이 돈이 1차적으로 모아야 할 돈이고, 일종의 생존비이기 때문에 항상 여유자금으로 가지고 있어야 해.

두 번째는 중기 자금인데, 이 자금은 목돈이 들어가는 곳을 위해 모아야 하는 돈이지. 가령 자동차 구입, 결혼 등이 여기에 해당 돼.

이 돈을 모으는 일도 중요해. 중요한 일을 할 때마다 매번 교직원공제회나 은행으로부터 돈을 빌리게 되면, 은행 이자 때문에 정신적인 속박을 겪게 될 테니까. 필요하면 어느 정도 대출을 받을 수 있겠지만, 대출을 많이 받을수록 정신적인 스트레스는 기하급수적으로 커진다는 생각을 해야 할 거야.

세 번째는 장기 자금인데, 이 자금을 모으는 방법에는 몇 가지가 있어. 가장 소극적 투자는 앞서 말한 연금저축인데, 이건 이자가 시중은행에 비해 약간 높은 정도지만 거의 무의미한 수준이야. 더구나 연금이기 때문에 가장 빨라도 연금을 받을 수 있는 시점이 55세 이후야. 다시 말해 55세가 되기 전까지는 건드릴 수 없는 돈이라는 말이지. 이건 안전장치가 되기도 하지만 돈을 너무 오래 활용하지 못해서 기회비용을 상실하게 된다는 단점으로도 작용해. 투자를 적극적으로 할 수 있는 사람이라면, 이 돈을 더 크게 만들 수 있는 방법도 있을 테니까.

그래서 사람들이 생각하게 되는 것이 대개 주식과 부동산이야. 그중 나이가 어린 사람들은 주식에 관심을 갖는 경향이 크지. 왜냐하면 주식은 비교적 적은 돈으로 투자할 수 있지만, 부동산은 그렇지 않기 때문이야. 부동산과 관련되어 많은 돈을 번 사람들은 대개 자산이 어느 정도 있는 50대가 많아. 그럼에도 예외적으로 젊은 사람들이 부동산 시장에 뛰어드는 경우가 있는데, 이는 갭투자라는 방식을 쓰기 때문이야. 실제 작년까지만 해도 부동산 갭투자에 관한 내용들이 시중에 많았고, 이 책들은 죄다 베스트셀러였어. 물론 지금은 정부정책이 이런 사람들에게 우호적이지 않지만 말이야.

그럼 갭투자란 뭘까? 예를 들어 어떤 집의 가격이 3억 원이라 해보자. 한 번에 3억 원이나 가지고 있는 개인은 잘 없기 때문에, 대개는 대출을 받아. 80% 대출이 가능하다고 할 때 받을 수 있는 돈은 2억 4천만 원이야. 거기에 이 집을 전세로 내놓는 거지. 그렇게 해서 보증금으로 5천만 원을 받아. 그럼 전체 집값에서 천만 원이 모자란데, 이 천만 원에 기타 부대비용을 합쳐서 1,500만 원 정도로 집 한 채 구하는 게 갭투자야. 그리고 집값이 오르면, 집을 재빨리 팔고 남은 돈으로 또 다른 집을 사서 파는 일을 반복하는 거지. 문제는 이렇게 했을 때 내가 세입자로부터 빌린 돈(보증금)이 5천만 원인데, 집값이 오르지 않거나 오히려 떨어졌을 때에는 이걸 갚을 방법이 없다는 거지. 게다가 이런 집이 여러 채면 갚아야 할 보증금도 늘어나기 때문에 길거리 나 앉는 건 순식간이고.

그에 비해 주식의 경우, 보통 소액으로도 가능하기 때문에 무리하게 은행 빚을 활용해서 돈을 벌려는 사람은 잘 없어. 따라서 돈을 잃어도 재기는 가능하지. 부동산으로 망하면 신용불량자가 되지만, 주식으로 돈을 잃으면 그냥 빈털터리로 끝날 수 있는 이유는 그 때문이야. 그러면 당장 우리나라 주식 상황을 공부하면 될까? 그렇지는 않아. 우리나라 주식시장은 워낙 불안정한데다가 배당금이 적어서 별 매력이 없거든. 우리나라에서 가장 규모가 큰 삼성조차도 배당률은 2%도 안 돼.

하지만 외국 주식은 달라. 매년 내가 산 주식의 10%를 배당해주는 회사들이 있어. 성장하는 회사이면서 5% 정도를 안정적으로 배당해주는 회사들도 있고. 게다가 주식의 가격 자체가 계속해서 오르기 때문에 똑같이 배당률이 5%라도 배당금액 자체도 점점 커지지. 예를 들어 작년에 산 주식이 천만 원어치였다고 치고, 여기에 대해 배당을 받는다면 1년에 50만 원을 받겠지. 하지만 꾸준히 성장하는 회사라면, 주식의 가격도 올라. 예를 들어 주식 가격이 5년 후 2배가 되었다고 치자. 그럼 연간배당금은 내가 아무것도 하지 않아도 100만 원으로 오른다는 말이야. 그리고 그런 안정적인 회사는 세상에 많아.

네가 경제적으로 자립하고 싶다면, 은행만 믿어서는 안 돼. 자신을 절제하고 무리하게 투자하지 않는다면, 너 역시 네가 가진 것을 지킬 수 있게 될 거야. 그게 경제적 약자인 월급쟁이가 자신을 보호하는 법이기도 하고 말이야. 물론 그 전에 생각해야 할 건 앞서 말한 대로, 순서를 지켜서 자산을 형성해야 한다는 점이고.

03

가치 있는 회사에 투자할 것

　세상에는 돈을 버는 사람이 있고, 벌어다 주는 사람이 있어. 그 둘이 갈리게 된 이유는 오직 한 가지인데, 생산 수단을 가졌느냐 아니냐로 갈리는 거지. 생산 수단을 가진 자는 자본가가 되는 거고, 그렇지 못한 사람은 노동자가 되는 거야. 자본가에게 지나치게 많은 돈이 쏠리는 게 바람직하진 않지만, 그거야 어쨌든 자본가는 앞으로도 존재하게 될 거야. 역사적으로 자본가와 노동자가 분리되지 않았던 적은 한 번도 없었어. 그래서 옛날에는 토지를 소유한 왕이 자본가였고, 그 왕은 신하들에게 토지에서 세금을 걷을 권리를 빌려주었던 거지.

　이건 서양도 마찬가지야. 경제인 계급이 절대왕정에 도전하기 시작하면서, 둘 사이엔 긴장감이 흐르게 되지. 이때 홉스가 등장해. 그리고 왕이 존재하는 이유를 사회계약설로 설명해주지. 중산층인 경제인들은 그들이 가진 것의 일부를 왕에게 내놓고, 대신 왕은 무질서로부터 그들을 지켜준다는 것이 사회계약설의 핵심이야. 중산층이 두려워하는 건 폭동이라도 일어나서 자기들이 가진 것을 일반 대중에게 다 빼앗기는 상황이야. 그걸 왕이 군대를 이용해서 막아주고 있으니, 그에 따른 서비스 요금을 내라는 거지.

그럼 현대 사회에서 자본은 무엇일까? 그건 바로 회사야. 회사는 자신이 가진 자본력을 이용해서 노동자를 고용하고, 그들에게 자신들의 이익금의 일부를 월급이란 명목으로 나눠주지. 그리고 나머지 돈을 재투자해서 회사의 규모를 유지하거나 늘려 가. 이 일은 옛날에 토지를 가진 지주가 농노를 활용해 소작물을 얻고, 그중 일부를 팔아 다시 땅을 사서 점차 많이 보유하는 방식과 똑같은 것이지. 생산수단을 늘려감으로써 부를 더 빠른 속도로 늘려간다는 말이야.

이 과정에서 곤란한 건 노동자야. 생산수단은 지치지 않지만 노동자는 지치거든. 다시 말해 사람은 늙는다는 뜻이야. 늙어서 기운이 달리면 당연히 노동력이 줄어. 그러면 회사는 다른 더 젊은 노동자를 뽑아 쓰는 거지. 게다가 중세시대 농노는 돈이 거의 들지 않았지만, 현대의 노동자는 그렇지 않지. 생산기지가 한국에서 중국으로, 그 다음엔 베트남으로 옮겨간 이유는 순전히 인건비 때문이야. 심지어는 베트남도 인건비가 올라서, 제조업 분야의 회사들은 아프리카로 회사를 옮기는 것까지 고민하고 있다고 하더라고.

약간 다른 이야기지만 말이야, 만약 전세계 노동자가 전부 노예라면, 다시 말해 인건비가 거의 들지 않는다면 어떤 일이 벌어질까? 아마 구글이나 엔비디아는 더 이상 인공지능 개발을 위해 노력하지 않을 거야. 로봇을 만들 필요가 없으니까. 왜냐하면 인간이 로봇보다 할 수 있는 일이 많거든. 예를 들어 경비원은 로봇이 할 수 없는 일까지 해 줘. 택배를 받고, 주변을 청소하는 일까지 해주지(물론 그게 당연하다는 건 아니야). CCTV와 같은 무인장비는 경비원의 인건비를 아끼게는 해주겠지만, 무인장비가 경비원보다 더 많은 일을 해주지는 않아. 그리고 다들 그걸 알아. 알지만 기계를 쓰면 당장 비용이 절감되는 것도 사실이야. 그러니 자본가는 사람보다 기계를 선호하는 거고.

그럼 현대 사회에서 노동자가 살아남는 방법은 뭘까? 그건 노동자가 노동자로만 남지 않는 거야. 다시 말해 자본가인 회사와 공동체가 되어야 한다는 거지. 그리고 그게 바로 주식을 사야 하는 이유가 돼. 주식을 잘 모르는 사람들은 단지 돈을 벌기 위해 단시간에 돈을 쏟아붓고, 충혈된 눈으로 주식 거래창을 들여다보는 게 전부인 줄 알아. 하지만 그건 올바른 투자법이 아니야. 아침에 사서 저녁에 파는 사람을 데이 트레이더라고 하는데, 그런 식으로는 하루 종일 주식을 사고 팔아야 돼. 하지만 그렇게 해서는 거래에 들어가는 수수료만 계속 쓰게 될 뿐이고, 실제 돈은 벌 수도 없거든. 그럼 어떻게 해야 돈을 벌 수 있을까? 그건 사람들이 미래 사회에 반드시 필요로 하는 걸 만드는 회사에 투자하는 거야. 그래서 사람이 더 풍요롭고 행복한 생활을 할 수 있도록 돕는 회사들 말이야. 그런 관점에서 나와 협력할 회사를 찾는 건 실제로 도움이 돼. 사람들은 자신들에게 도움이 물건이나 서비스라면 기꺼이 그 회사의 물건을 사니까. 그리고 그런 것을 제공하는 회사 분야는 AI, 통신, 자율주행 기술, 반도체 등이 있어. 이런 회사에 장기적으로 투자하면 그 자체로 경제적 자립이 가능해지지.

그럼 부동산은 어떨까? 거기에 대한 내 생각은 이래. 똑같은 투자라고 해도, 부동산은 다른 사람들에게 피해를 줄 수 있어. 돈을 가진 사람들이 자꾸 집만 사면 어떤 일이 벌어질까? 집값이 오르고 나나 너와 같은 사회 초년생일수록 점점 집을 사기가 어려워질 거야. 다시 말해 내가 집을 삼으로써 누군가는 곤란해질 수 있다는 말이지. 하지만 주식은 그런 마음의 부담에서 벗어나서 할 수 있는 투자야. 인터넷 뉴스를 보다 보니 국민은행의 박원갑 부동산 수석전문위원이 그런 말을 했더라고. 마음 약한 사람은 어려운 형편의 세입자에게 듣기 싫은 소리 하기도 힘들다고. 다른 걸 다 떠나서, 부동산 투자는 그래서 어려운 것이라고. 맞는 말이야. 돈 때문에 곤란을 겪어보고, 돈이 사람을 힘들게 할 수 있다는 사실을 이해하는 사람은, 남에게도 모진 말을 하기 힘들어. 반면 주식은 그럴 필요가 없지. 안정적인 회사의 주식을 사면, 회사가 그때부터 배당을 정확히 지급하니까 말이야. 세입자와 싸울 일도, 마음 상할 일도 없는 거지.

되풀이해서 말하지만, 주식을 살 때에는 성장 가능성과 함께 그 회사가 인류 전체에 기여하는 바가 얼마나 큰지를 확인해보는 편이 좋아. 신기하게도 그런 회사가 빠르게 성장하거든. 그래서 나는 담배 회사의 주식은 사지 않을 생각이야. 같은 이유로 탄산음료를 만드는 회사의 주식에도 관심이 없고. 세상에 좋은 주식은 많기 때문에, 굳이 그런 회사에 투자하지 않고도 돈은 얼마든지 벌 수 있거든. 우리는 월급쟁이고, 따라서 투자할 수 있는 돈에는 한계가 있어. 하지만 반대로도 생각할 수 있지 않을까? 돈이 제한되어 있으니 내가 투자할 대상을 신중히 고를 수도 있는 거라고 말이야. 그리고 그렇게 될 때, 우리는 미래와 세상을 위해 진정한 가치 투자를 할 수 있게 되겠지.

04

미래를 예측해야 돈이 모인다

1) 부동산 투자는 왜 매력이 없을까?

지난번에 주식 투자를 해야 장기적으로 돈을 벌 수 있다고 이야기했었던 것이 기억나니? 네가 조금 어려워하는 것 같아서, 그에 대해 약간 보충하는 이야기를 해두려고 해. 사실 주식 투자를 이야기하는 것은 쉽지 않은 일이야. 왜냐하면 대개의 사람들이 일단 부정적으로 반응하거든. 그런 반응이 나오는 이유는 투자와 투기를 구분하지 않기 때문이야. 그러니 네가 먼저 알아야 할 것은, 투자와 투기를 구분하는 기준이겠지?

내가 생각하는 투자는 두 가지 원칙을 지켜서 돈을 버는 거야. 첫 번째는 충분히 공부하는 것이고, 두 번째는 충분히 시간을 들여서 돈을 묶어두는 거지. 그리고 잊어버리는 거야. 그러면 돈은 저절로 불어

나는데, 그게 바로 투자야. 반면 공부도 충분히 안 하고, 시간도 충분히 들이지 않고서 빠르게 돈 벌 궁리만 하면 투기로 빠지는 거지. 사실 정확히 말하자면, 모든 투자는 투기의 속성을 지니고 있어. 원금이 보장되는 5천만 원 이하의 은행예금이 아니라면, 모든 투자는 원금을 잃을 가능성을 가지고 있으니까. 그래서 투자는 신중해야 하는데, 여기서 '신중하다'는 말이 붙는 건 앞서 말한 두 가지 조건을 지킬 때 가능한 표현인 거지. 그러지 않고서는 좋게 끝나는 법이 없으니까.

재테크를 처음 배우는 사람들은 불로소득도 가능하다는 사실, 내 재산이 두 배가 되고 세 배가 될 수 있다는 사실을 알고 열광하지. 마치 서부 개척 시대에 금맥이라도 발견한 것처럼 흥분하는 거야. 왜 더 빨리 재테크를 배우지 못했나 아쉬워하면서 말이야. 벌써 부자가 된 것처럼 온 신경은 짜릿해지고, 마음은 들떠서, 어떻게든 돈을 빨리 모아야겠다는 생각만 하게 돼. 물론 이런 조급증이야말로 투자 세계에서 가장 먼저 내려놓아야 할 것이지.

재테크를 해야겠다는 생각을 하게 되면, 흔히 관심을 보이는 것이 주식과 부동산이야. 문제는 세상에는 나보다 힘이 센 사람들이 있다는 거야. 그 대표적인 경우가 부동산이지. 부동산은 정부 정책에 영향을 많이 받아. 그런데 개인과 정부가 맞서면, 누가 이길지는 뻔해. 그러니 개인은 정부 정책에 휘둘릴 수밖에 없어. 특히 세상에는 집이 없는 사람도 많고, 집이 여러 채 있는 사람은 소수야. 항상 표를 통해 정권을 잡아야 하는 정치인들은 그래서 선거철이 다가오면 다수가 좋아하는 정책을 펼 수밖에 없고, 그래서 그때마다 부동산 정책은 다수를 위한 것이 돼. 그리고 집을 가진 소수의 사람들을 적대시하면서, 우리가 바로 국민을 위해 저들의 불로소득에 엄청난 세금을 때려서 공정 사회를 만들겠다고 이야기하는 거지.

하지만 선거에서 이긴 정당이 실제 정부를 운영하기 시작하면 어떨까? 꼭 다수를 위한 정책을 펴는 건 아니야. 왜냐하면 정부는 세금이 필요하거든. 그래서 부자들에게 유리한 정책을 펴는 경우도 종종 있어. 그럴 때 정부가 내세우는 논리는, 집을 열심히 사서 보유해야 한다는 거야. 마치 그래야 애국자가 되는 것처럼. 개인이 주택을 살 땐 취득세를, 가지고 있을 땐 보유세를, 팔 땐 양도소득세를 걷을 수 있으니까. 정부는 세금을 걷기 위해 많은 사람이 집을 사고파는 것이 좋고, 그러려면 경기가 활성화되어야 하지. 반대로 경기가 지나치게 과열되거나 다시 선거 시기가 다가오면 이렇게 말할 거야. 다주택자들 때문에 집값이 너무 올랐다, 주거 복지를 위해 부동산 투기업자들을 때려잡아야 한다고 말이야. 우리나라 부동산 정책이라는 게, 그냥 이게 무한 반복되는 거야.

물론 정부도 할 말은 있어. 시장 상황은 항상 변하고, 그러다 보니 매번 같은 정책을 펼 수는 없는 것 아니냐고 말이야. 물론 그건 사실이야. 그러니 매번 냉탕과 온탕을 오가는 정책을 펴는 입장도 이해는 돼. 그러나 그건 정부로선 당연하지만 투자를 하는 개인으로선 곤란한 부분이야. 정부의 정책에 지나치게 일관성이 없거나 신뢰할 수 없다면, 그걸 믿고 투자하긴 어려우니까. 부동산 정책이 단시간 내 왔다 갔다 하면, 집을 사려는 사람들은 우왕좌왕하게 돼. 정책이 불안정한 상황에서도 집값은 계속 오르는 경우가 많거든. 그리 되면 혼란함에 더해 경제적 부담까지 느끼는 거지.

2) 그럼 어떻게 해야 할까?

그러다 보니 사람들은 정부 규제에 영향을 덜 받는 곳으로 움직이는데, 그게 바로 주식시장이야. 이때 중요한 것은 당연히 모든 회사의 주식이 오르지는 않는다는 거야. 그럼 어떤 주식이 오르는 주식일까? 그걸 이해하려면 앞으로 어떤 세상이 올 것인가를 먼저 이해해야 돼. 4차 산업혁명이 앞으로 다가오고 있다는 이야기는 너도 들었을 거야. 그럼 4차 산업혁명 시대에는 어떤 분야가 발전할까? 그건 현재에도 어느 정도 짐작할 수 있어.

첫째, 인공지능(AI) 분야. 앞으로는 인간의 노동력이 거의 필요 없는 시대가 올 거야. 대부분의 단순 노동은 로봇이 대신할 테니까. 그러니 인공지능 분야가 유망하겠지. 인공지능 분야에서 첨단을 달리는 기업은 많지만, 세계 1, 2위는 엔비디아와 구글이야. 앞으로는 어찌될지 모르지만 기업들 간에도 빈익빈부익부 현상은 가속화될 전망이어서, 업계 순위가 쉽게 뒤바뀌긴 갈수록 힘들 거야. 1등 기업이 시장의 흐름을 완전히 잘못 읽는 경우가 아니라면 말이지.

둘째, 통신 분야. 인공지능의 강점은 서로 연결되어 있을 때 크게 발휘 돼. 인간이 개인의 경험을 책이라는 형태로 남기는 이유가 뭘까? 그래야 다른 사람이 보고 시행착오를 줄일 수 있기 때문이야. 다시 말해 학습을 위한 도구가 책이라는 말이지. 그렇다면 기계도 같은 방식을 쓸 수 있겠지? 컴퓨터는 책을 읽진 않겠지만, 대신 자신이 경험한 것을 슈퍼컴퓨터에 전송할 수는 있어. 그리고 슈퍼컴퓨터는 그렇게 데이터를 차곡차곡 쌓아 두는 거고. 그런 다음 어떤 컴퓨터가 특정 정보를 필요로 하면 알맞은 정보를 그 컴퓨터에 보내주는 거야. 예를 들어 보자. 어떤 자율주행차가 길을 가다가 사고 현장을 지나가. 그러면 그 상황은 실시간으로 중앙의 슈퍼컴퓨터에 전송될 거야. 그리고 전송된 정보는 사고가 난 구역이 이동 경로에 포함된 다른 자율주행차에 전송되겠지. 그러면 그 차들은 사고 현장을 피해서 다른 최적 경로를 자동으로 찾게 될 거고. 그리고 이 과정에서 필요한 게 통신이야. 만약 통신망으로 연결되지 않는다면 어떤 일이 벌어질까? 모든 자율주행차들은 사고 현장을 지나가야 되겠지? 왜냐하면 사고가 났다는 정보를 받지 못했으니까. 그러면 해당 구역은 혼잡해질 거고. 이러한 상황은 컴퓨터끼리 협력이 일어나지 않기에 일어나는 것인데, 바람직하지는 않지.

셋째, 자율주행 분야. 순간 이동이 불가능한 상황에서 미래에도 이동 수단은 여전히 필요할 거야. 이때 가장 좋은 것은 남이 나를 대신해 운전하는 거지. 운전이 스포츠가 되는 경우는 두 가지밖에 없어. 첫째, F1 경기를 관람하는 경우, 둘째, '가끔' 속도를 내고 싶은 경우. 이 두 가지가 아니라면 운전은 항상 노동이지. 더 많은 물체를 정확히 식별할 수 있고 안전주행을 할 수 있는 회사의 자동차는 더 많이 팔릴 수밖에 없겠지? 인공지능으로 우수한 회사는 자율주행 기술도 뛰어난 경우가 많아. 가장 유명한 회사는 테슬라지만, 그 외에도 엔비디아, 구글 등도 이 분야에서 엄청난 실력을 보여주고 있어.

넷째, AP(application processor) 분야. AP는 모바일용 메모리칩이야. 각종 애플리케이션 작동과 그래픽 처리를 담당하는 핵심 반도체지. 크기는 가로와 세로의 길이가 각각 14mm고, 두께는 1.4mm에 지나지 않는데, 이 작은 반도체에 SP, 모바일D램, 플래시메모리가 들어간다고 해. 현재 이 분야에서 경쟁을 벌이는 곳은 퀄컴, 삼성, 텍사스 인스트루먼트 정도라고 하지. 스마트폰이나 태블릿이 세상에 존재할 수 있는 것도 AP 덕분이야.

다섯째, 게임 분야. 게임이 미치는 영향력은 유해하다와 무해하다로 나눌 수 있지만, 그런 논쟁을 떠나서 게임 시장 자체는 계속 커질 거야. 시간이 남으면 인간은 놀이에 치중하거든. 시간적 여유라는 측면에서, 인류는 다시 알타미라 동굴 벽화를 그렸던 선사시대의 생활로 돌아갈 가능성이 충분히 있어. 로봇이 대신하는 단순노동은, 우리에게 더 많은 여유 시간을 선사할 테니까 말이야. 실제 닌텐도에서 새로 만든 '닌텐도 스위치'의 경우 전세계 판매량은 몇 년 내 1억대를 돌파할 예정이야. PC나 스마트폰 게임만 하더라도, 학생들이 얼마나 푹 빠져 지내는지 알지? 그리고 이외에도 빅 데이터 분야, 반도체 분야, 태양광 분야, 바이오 분야 등이 유망할 거라고들 이야기되고 있어.

미래사회를 미리 그려보면 두 가지 점에서 도움이 돼. 하나는 우리가 교사이기 때문에, 학생들에게 어떤 미래가 올 것인지 방향은 알려줄 수 있다는 거지. 또 하나는 그런 세상을 맞이하기 위해 우리는 어떤 노력을 해야 할지 생각해볼 수 있다는 거야. 학생들도 미래를 준비해야 하지만 그건 교사도 마찬가지지. 그러니 미래 사회는 어떤 모습이 될까에 대해 생각하거나 공부하는 건 의미가 있어. 그리고 그런 유망한 분야의 회사에 투자함으로써 자연스레 세상의 발전에 기여할 수 있지. 그 점을 생각하고 언젠가는 네가 이 부분을 깊이 공부할 수 있었으면 좋겠구나.

05

사다리와 줄타기, 꼭 필요할까?

내가 임용 첫 해에 있었던 일이야. 나를 좋게 봐주신 선배 선생님 한 분이 나를 교육과정평가원에 보내고 싶어 하셨어. 그래서 친분이 있던 지역 담당 장학사님께 나를 추천했고, 그분께서 나에게 전화를 주셨지. 내용은 교원임용시험 채점 위원으로 들어갈 생각이 있느냐는 거였어. 나야 가면 좋겠지만, 교장선생님의 허락이 필요하지 않겠냐고 말씀드렸지. 그리고 5분 후 그 장학사님께 다시 연락이 왔어. 허가가 안 나서 아무래도 안 되겠다고 말이야.

그게 내가 전문계 고등학교에 있을 때 있었던 이야기인데, 그 옆의 인문계 고등학교로 오고 나서도 상황은 비슷했지. 내 책을 본 다른 학교 선생님들로부터 외부 강연 초청이 들어와도 학교장이 허가를 내주지 않는 거야. 결국 어느 순간부터 강연은 가지 못하게 됐지. 그럼 이런 일이 나에게만 벌어지는 일일까? 그렇지 않아. 내가 인문계로 옮기고 나서 전임지에 근무하던 선생님을 만났어. 그분도 임용시험 채점위원으로 위촉받을 뻔했는데, 역시 학교에서 막았다고 하더라고. 그분께서 아쉬워 하시길래 웃으면서 말씀드렸어. 어차피 그것은 절대 불가능한 것이었다고 생각하라고. 왜냐하면 학교장이 그런 것까지 허가해줄 사람이었으면 애초에 그 기회는 선생님보다 먼저 나에게 왔을 텐데, 나 역시 똑같이 못 가지 않았느냐고 말이야. 그냥 그 선생님과는 인연이 없는 것이었다고 생각해야 마음 편할 거라고 말씀드린 거지.

속이 쓰리냐고 물어보면, 솔직히 그렇다고 대답할 수밖에 없을 것 같아. 적어도 당시로선 그랬지. 그리고 그때부터였던 것 같아. 사람이 성공한다는 것의 의미가 무엇인지를 생각해보는 것 말이야. 성공을 하려면 기회를 잡아야 하는데, 그 기회를 잡는 방법에는 크게 두 가지가 있다고 해. 하나는 윗사람에게 잘 보이는 거지. 조직의 기성세대는 항상 신참자보다 권력이 크기 때문에, 자신이 키우거나 멀리할 사람을 결정하고 그에게 얼마만큼의 힘을 줄지 결정할 수 있지. 그러므로 자기 또래의 동료보다 윗사람의 눈에 들기 위해 어떤 말투를 쓰고, 어떤 옷차림을 하고, 어떤 사고방식으로 움직여야 할지를 생각하는 게 중요하다는 거야.

하지만 나는 이런 조언이 마음에 들지 않아서 다른 방식을 택했어.

내 스스로 다른 어느 누구도 간섭할 수 없는 영역을 구축하고, 그 분야에서 힘을 키워야겠다는 생각을 하게 된 거지. 그래서 공무원이 타인의 간섭을 받지 않고 할 수 있는 것에는 무엇이 있는가를 공부했는데, 그중 하나가 창작활동이었고, 다른 하나는 직무와 무관한 외부 강연이더라고. 그래서 곰곰이 생각했어. 내가 할 수 있는 창작활동이란 뭘까? 음악에 대한 재능은 별로 없는 것 같으니, 할 수 있는 것은 글쓰기밖에는 없다는 걸 알게 됐지. 그래서 글쓰기를 전문적으로 다시 공부하기 시작했던 거고. 이것은 몇 가지 좋은 효과를 가져다주었어. 첫째로, 하고 싶은 일을 함으로써 해방감을 느낄 수 있게 되었다는 거야. 주말에 게임을 하거나 TV를 보고 나서 뿌듯함이나 상쾌함을 느껴본 적 있니? 어느 정도 스트레스는 풀릴지 모르지만, 결국 다른 의미로의 스트레스가 쌓이지. 하지만 글쓰기는 그렇지 않았어. 왜냐하면 내가 하고 싶어 하는 일이고, 나는 생계형 작가가 아니기 때문에 엄청나게 열심히 써야 한다는 의무감도 없었으니까. 원고마감일을 스스로 정해놓고 열심히 쓸 필요까진 없었다는 이야기야. 하지만 오히려 그렇기 때문에 열심히 쓰고 싶은 날은 맘껏 쓸 수 있었고, 하고 싶은 말을 내 책에 많이 담아낼 수 있었지.

두 번째는 학교일이 마음 편해졌다는 거야. 그전까진 부족한 돈을 벌기 위해 보충수업을 해야 한다는 마음이 있었는데, 인세가 들어오기 시작하면서부터 그럴 필요가 없어졌지. 나야 어차피 주말에는 거의 공부하니 그 일로 돈까지 벌 수 있다면 더할 나위 없이 좋은 거였고, 굳이 평일에 피곤하게 하루 종일 수업하고 추가로 수업할 필요가 없어져서 좋았다는 말이야. 물론 방과 후 수업은 학교에 강사가 부족하니 계속 하곤 있지만, 적어도 돈 때문에 어쩔 수 없이 해야 한다는 생각은 하지 않게 되었지. 생계 때문에 어쩔 수 없이 한다는 생각을 하지 않게 되자, 일에 대한 스트레스가 줄고, 그래서 더 마음 편히 학교일에 집중할 수 있게 되었어. 많은 사람들이 비슷한 이야기를 해. 노력해서 따로 부가적인 수입을 얻게 되면서, 오히려 회사일이 전보다 덜 힘들게 느껴졌다고. 지긋지긋했던 회사라 돈만 많이 벌면 당장 사표 쓰고 싶을 줄 알았는데, 오히려 스트레스가 줄어드니 그런 생각도 안 하게 된다는 거야. 그리고 나 역시 그런 감정을 똑같이 느껴. 아, 물론 내가 그들만큼 부자인 것은 아니야.

남이 나에게 절대 간섭할 수 없는 일을 한다는 건 그 자체로 행복한 일이야. 외부 강의야 못 나가게 되었고, 평가원에도 앞으로 들어갈 일은 없을 것 같지만, 나는 다른 것을 얻었으니 그걸로 충분히 보상받았다고 생각해. 그리고 평가원 이야기가 나와서 말인데, 거기 출제위원으로 들어가려면 인맥이 좋거나 모 대학 출신이 아니면 안 된다는 이야기가 종종 들리더구나. 그리고 그 대학은 거의 정해져 있는 것 같고. 하지만 그게 사실이든 아니든 나는 관심을 잃었어. 참으로 고맙게도, 나는 나 자신을 위해 더 좋은 일을 할 수 있으니까.

나는 어설픈 현실주의자야. 현실에 발을 내딛고 있다는 생각을 잊지는 않지. 하지만 그 현실이 힘들 때, 그 현실을 벗어날 수 있는 방법을 전혀 다른 방향에서 찾아. 그리고 그 방향은 보편적 현실과는 상관이 없지. 내가 승진을 빨리 해서 더 큰 권력을 누리고, 남들 눈치 안보겠다는 생각을 하는 대신 글쓰기를 택했던 건 그런 이유 때문이야. 사실 책을 쓰기로 결심하고 글 쓰는 법을 공부하겠다고 했을 때, 누구도 내 편을 들어주지 않았어. 사람들의 반응은 두 가지였는데, 하나는 굳이 교사가 됐는데 왜 그런 피곤한 일을 하냐는 거였고, 또 하나는 또 돈 낭비하고 있네, 귀 얇아서 어디서 또 사기당하고 오는 것 아니냐는 거였어.

많은 사람들은 공무원 시험이 공평해서, 학력이나 학벌이 통하지 않는 시험이어서 좋다고 말해. 물론 그건 틀림없는 사실이야. 적어도 시험을 보는 단계까지는 그렇지. 하지만 학교라고 그런 점이 전혀 통하지 않을까? 물론 학교에선 학사든, 석사든, 박사든, 서로들 전혀 관심 없어. 그게 중요하지도 않고. 하지만 그건 평교사로 남을 경우의 이야기야. 승진을 하고, 평가원에 들어가려면 인맥이나 학연이 중요한 것은 별 차이가 없더라고. 만약 남과 경쟁해서 이기는 승부 근성이 있는 사람이라면 승진을 일찍 준비하는 것도 하나의 방법이긴 하겠지. 하지만 난 원래 남과 경쟁하는 것을 좋아하지 않기 때문에, 남과 경쟁이 필요 없는 분야를 찾아내려 노력했던 것뿐이야.

남과 경쟁하는 세상으로 들어가려면, 엄청나게 실력이 좋거나 때론 지저분한 짓도 할 각오를 해야 해. 둘 중에 더 나은 것은 당연히 실력이 좋은 것이지만, 실력을 키우기 위해 노력한다는 건 상당한 시간과 각오가 필요한 일이야. 그러니 기왕 노력할 거라면, 너도 남과 경쟁할 필요가 없는 분야를 개척해 보면 어떨까? 그러면 남들보다 덜 치열하게 살아도 충분히 성공할 수 있을 테니까. 세상이 흔히 말하는 블루 오션이란, 현실주의자들은 절대 찾아낼 수 없는 영역이야. 오히려 남들이 현실에서 치열하게 싸우고 거기서 이길 생각만 하고 있을 때, 나는 내 일을 통해서 새로운 가능성을 얻을 방법을 꿈꾸는 거야. 그리고 방법을 찾으면 그 일을 주저 않고 하는 거지. 그렇게 하고 싶은 일을 하기만 해도, 몸값은 저절로 오르는 거고.

게다가 그래야 하는 현실적인 이유가 또 있어. 아무리 투자를 잘해도, 네가 연간 25% 이상의 투자 성과를 계속 내기는 어려울 수 있거든. 그건 워렌 버핏의 수익률이니까. 예를 들어 보자. 네가 3천만 원어치 1년간 고배당을 주는 주식에 돈을 넣어 놨다고 가정하는 거야. 고배당주인 경우 보통 연간 10% 정도의 수익률을 보이는데, 이렇게 했을 경우 세금을 다 떼고 네가 손에 넣는 금액은 250만 원 정도야. 물론 그 정도면 한 달치 월급을 더 받는 셈이고, 따라서 적은 돈은 아니지. 하지만 말이야, 네가 틈틈이 글을 쓰고 강연을 한다면 어떨까? 네가 똑같은 돈을 부수입으로 올린다면, 거꾸로 너는 3천만 원어치의 주식, 또는 5% 이자가 붙는 6천만 원어치의 예금을 갖고 있는 것이나 마찬가지라는 이야기가 돼. 더구나 투자는 긴 시간을 필요로 하지만, 그리고 그 시간을 단축하긴 어렵지만, 실력을 키우는 일은 노력하는 만큼 시간을 단축할 수 있지. 하루 두 시간씩 무언가를 공부하는 것보다 하루 네 시간씩 공부한다면, 숙련도는 당연히 더 빠르게 올라갈 테니까. 결국 투자를 하면 할수록, 이자는 복리가 되어 늘어난다는 건 돈의 세계뿐만이 아니라 직업 세계에 있어서도 마찬가지야. 그래서 나는 종교인은 아니지만, 시작이 미약하더라도 끝은 창대할 것이라는 자기 긍정성을 주는 말을 좋아해. 그 말은 단순히 사람을 위로하기 위한 말이 아니라, 틀림없는 진실을 담고 있는 말이라고 믿고 있기 때문이야.

스스로 가치를 창출할 수 있는 사람은 언제나 행복한 사람이야. 편하게 이자나 배당을 받는 시스템은 매우 안정적이지만, 인생의 의미는 안정이 아니라 불안정에 달려 있지. 스스로의 능력을 발휘하고 성공을 경험할 수 있는 삶은 행복한 삶이야. 그간 잭 웰치로 대변되는 서양의 경영학에서는 보수, 승진, 인정과 같은 외부 요인을 강조해왔어. 하지만 진짜 뛰어난 지도자들은 그러지 않았지. 그들은 외부 요인 대신 인간 내면의 열정을 끌어내는 일에 주목했지. 그리고 그들의 생각은 사람은 자신이 원하는 일을, 자신이 원하는 방식으로 할 때 가장 잘해낼 수 있다는 거였어. 그리고 그들은 결과적으로 옳았고. 방식은 정반대였지만 미라이 공업과 일본전산의 기업 문화는 그 래서 배워둘만 해.

자, 이제 내 긴 이야기는 끝났어. 구본형 작가의 말대로, 우리 스스 로를 고용해 보자. 남이 시켜서가 아니라, 내가 원해서 기꺼이 할 수 있는 일을 찾아 보자. 그럴 때 우리는 인생에서 가장 짜릿한, 가장 높 은 수익률을 경험할 수 있을 테니까 말이야.

■ 에필로그 ■

책을 쓰며 가장 의욕이 샘솟는 때는, 바로 에필로그를 작성할 때다. 가장 글이 잘 써지는 시간이며, 가장 행복한 시간이기도 하다. 하나의 과제를 마무리하는 시간이기 때문이다. 스스로 좋아서 시작한 일인데도, 글을 쓰는 일은 언제나 부담되는 일이기도 하다. 단지 내 생각을 표현하는 것이 아니라, 독자가 눈앞에 있다고 상정하고 글을 써야 하기 때문이다. 한 가지 고백하자면, 책을 쓰면서 버틸 수 있는 것은 언젠가는 에필로그를 쓸 수 있다는 희망이 있기 때문이다.

나는 삶에 진지한 편이다. 세상에 쉽게 뛰어들지 못하는 것은, 그래서 내가 끊임없이 관찰하고, 나에게 필요한 것을 혼자 채우며 자족하는 것은 그 때문일 것이다. 그런 내가 책을 쓰는 이유는 무엇일까? 굳이 내 이름이 드러나고, 세상 사람들로부터 이런저런 이야기를 들을 것을 뻔히 아는데도 쓰는 이유는 무엇일까? 그것은 내 안의 두려움보다 다른 이를 돕고 싶은 마음이 더 컸기 때문인 것 같다. 내가 더 우월하고, 그래서 시혜(施惠)적인 입장에서 글을 쓴다는 말이 아니다. 그저 상대가 필요할 때 도울 수 있으면 돕고 싶다는 뜻이다.

사실 돌이켜 생각해보면, 세상에서 만났던 사람들 중에 교원 임용시험 준비생들만큼 날카로운 사람들이 없었다. 왜 그랬을까 생각해보니 너무도 힘든 시기기에, 그래서 다들 지쳤기에 그랬던 게 아닐까 싶다. 다들 신경이 곤두서 있었기 때문이 아니었나 싶다는 말이다.

참으로 길고도 괴로운 시간이다. 수험 생활도 긴데, 치러야 하는 임용 시험 기간도 길다. 몇 달에 걸쳐 치러야 하는 임용 시험은 이번에 떨어지면 기약도 없으며, 시험은 1년에 한 번뿐이다. 그 어려운 시간 동안 지쳐 쓰러질 것 같으면서도, 날마다 남아서 공부하고 또 공부하며 합격을 소망했을 여러분이 눈앞에 그려진다. 나 역시 그랬었기 때문이다. 그러나 그렇게 어렵게 교사가 되어도, 눈부신 학교생활은 없다. 꿈이 현실이 된다는 것의 의미는 무엇일까? 그것은 이상의 시간이 끝나고, 밥벌이의 시간이 시작된다는 뜻이다. 그러니 있는 것은 하루하루 버티는 시간뿐이다. 그러면 어떻게 해야 잘 버틸 수 있는가, 그리고 덜 불안하고 더 행복하기 위해서는 어떻게 살아야 하는가, 나는 나를 위해 어떤 좋은 일을 해줄 수 있는가를 후배 교사들이 생각하기를 바랐다. 내가 시행착오를 겪었던 만큼, 다른 후배 교사들은 그렇지 않기를 원했기 때문이다.

진심으로 원한다. 여러분 모두가 행복할 수 있기를. 학교에서 버텨내는 과정이 힘들고, 긴 시간 동안 지치고, 다른 교사들에게, 학부모에게, 때로는 학생들에게 지칠지라도, 그래도 당신은 여전히 가치 있는 존재다. 그러니 기꺼이 먼저 자신을 위해 행복하기를 주저해선 안 된다.

항상 하는 말이지만, 학교에는 급한 것이 없다. 그리고 가장 중요한 것은 본질이며, 그 본질은 학교에선 언제나 수업이다. 교사에게 수업 시간에 들어가 학생을 만나는 것보다 더 중요한 게 도대체 뭐란 말인가. 그러니 아무리 직속 부장 선생님이, 교무부장 선생님이, 교감 선생님이 뭐라고 한들 가장 중요한 것을 놓치지 않으려고 노력하자. 만약 그럼에도 불구하고 교무실에서 5분 이상 일을 더 하느라 수업에 늦으면, 교실에 가서 수업 전에 학생들에게 기꺼이 불평하자. 니들 시간을 잡아먹는 것은 내가 게을러서가 아니고, 학생들의 시간을 소중히 여기지 않는 이상한 학교 문화 때문이라고. 그리고 학생들에게 위로 좀 받아도 된다. 그게 뭐 대수인가. 당신이 학생들을 위로하고 돕는 만큼, 학생들 또한 당신을 위해 좋은 일을 해줄 수 있다. 교사에게 가장 큰 행복과 위로는 언제나 학생이다.

참으로 책을 쓸 때마다 주저주저한다. 이 책이 과연 다른 사람들에게 도움이 될까, 어떨까 하는 생각 때문이다. 그러면서도 한편으론 꿈꾼다. 누군가에게 도움이 되었으면 좋겠다고 말이다. 내용 전부가 도움이 되었으면 좋겠다는 욕심은 생각지도 않는다. 그저 일부라도 누군가의 고민에 도움이 될 수 있기를 희망할 뿐이다. 그러니 나부터 솔직한 속내를 드러내지 않을 수 없었다. 이 책에는 모범적인 교사의 모습도 때때로 담겨 있지만, 그보다는 인간적인 교사의 모습을 더 많이 담으려고 노력했다. 나부터도 뭔가 모범적인 것과는 거리가 먼 사람이기 때문이다.

수많은 이들이 시간관리법을 배운다. 그리고 프랭클린 플래너를 들고 다닌다. 그러나 그들 중 어제 무엇을, 어떤 의미를 담았느냐고 물어보면 선뜻 답해주는 이가 없다. 스스로를 도구화하고 주체로서 살지 않으니 당연한 일이다. 부속이 되어 사니 시간에 압도당하고, 생각할 필요는 없게 된다. 나의 주인이 내가 아닌 까닭이다. 본디 노예에겐 생각할 필요가 없다. 그들은 주인이 시키는 일만 하면 된다. 그러나 앞으로도 그렇게 살 것인가? 이제 사슬을 끊고 나오자. 노예가 아니라 자유인으로서 살자. 나를 행복하게 한다는 것이 무질서를 의미하는 것은 아니나, 동시에 시간 흐름에 쫓기며 살아야 한다는 의미 또한 아니다.

삶은 어떠해야 하는가? 행복해야 한다. 스스로를 돌보고, 더 좋은 일을 하는 것, 그래서 밝게 빛나고, 다른 이들에게 그 자체로 기쁨이 되고 희망이 되는 것, 그것만 해내도 당신은 충분히 좋은 교사다. 그러니 부탁드린다. 오늘, 지금 이 순간, 당신을 위해 가장 좋은 일을 하시라. 눈부신 당신을 보고 다른 학생들 또한 행복할 수 있도록. 그래서 당신을 기꺼이 닮아갈 수 있도록.

이 책을 읽어주신 당신에게 감사드린다.